Leef met Liefde

Fred Sterk & Sjoerd Swaen

ISBN-13: 978-1530383863
ISBN-10: 1530383862

Cover image: iStock.

Dit boek is met de grootste zorgvuldigheid samengesteld. Noch de makers, noch de auteurs stellen zich echter aansprakelijk voor eventuele schade als gevolg van eventuele onjuistheden en/of onvolledigheden in deze uitgave.

www.sterk-swaen.nl

Inhoud

Inleiding

Positief psychologische en persoonlijke levenslessen. Wat kun je leren van je unieke levensverhaal als je met respect en begrip mag kijken naar je ontwikkeling, geschiedenis en toekomstmogelijkheden?

Dit boek moedigt je aan om te blijven geloven in jezelf. Liefde is de sterkste kracht in haar meest zuivere vorm. Realiseer je dat je meer en beter bent dan je nu zelf kunt zien. Van nature heb je alles in huis om je leven liefdevoller te maken.

Psychologen Fred Sterk en Sjoerd Swaen beschrijven -met praktijkvoorbeelden en technieken uit de positieve psychologie, mindfulness en cognitieve gedragstherapie- dat zelfcompassie, acceptatie en innerlijke vrede altijd bereikbaar zijn. Puur en simpel door de dingen die je zelf kunt doen, alleen of met anderen.

1 Liefde

Een grote wonderlijke kracht, overal aanwezig, in allerlei vormen.
Allesomvattend en genezend. Liefde maakt rustig. Het biedt troost in de
meest donkere nachten. Het helpt je bij het bewonderen van de dingen die
anderen bereikt en gegeven hebben. Liefde is pure inspiratie in haar meest
zuivere vorm.

We doen alles voor een beetje liefde. Krampachtig proberen we perfectie en
aanzien te bereiken, in de hoop door iedereen gewaardeerd te worden. Je
kunt zo in beslag genomen worden door je gevecht om erkenning dat je
vergeet dat liefde weinig met de buitenkant te maken heeft.

*Liefde is eerlijk, je hoeft het alleen maar weg te geven om het in overvloed
terug te krijgen.* Liefdevol leven geeft erkenning, maar andersom werkt het
niet. Met het najagen van erkenning zul je weinig liefde oogsten. Houden van
jezelf en anderen beschermt je en biedt hoop en vertrouwen.

Voor het verlichten van verdriet, pijn en somberheid is de eerste cruciale
voorwaarde dat je leert wat aardiger voor jezelf te worden. Mensen die te
hard voor zichzelf zijn gaan zich vaak alleen maar ellendiger voelen. Wie
niet goed voor zichzelf zorgt heeft weinig te bieden aan anderen. Jezelf
voorbijlopen of opofferen komt onecht over, de ander voelt dat er iets mis is,
en dat verstoort het contact.

Hoopvolle liefde is te leren. *Realiseer je dat je meer en beter bent dan je nu
zelf kunt zien.* Van nature heb je alles in huis om je leven liefdevoller te
maken. Blijf proberen, de mogelijkheden om je doelen te bereiken raken
nooit uitgeput; ondanks tegenslagen en obstakels. Oogst, zonder
waardeoordelen, elke vorm van menselijk contact.

Relaties worden beter als je in staat bent jezelf onder alle omstandigheden te blijven accepteren. Afwijzing doet pijn, en waarom zou je jezelf niet mogen aanvaarden zoals je bent? De mensen waar je het meeste van houdt, gun je ook alle liefde, waardering, compassie en aandacht. Neem, waar je ook naar toe gaat, je liefde mee.

2 Leef met liefde

We delen allemaal dezelfde angst, het diepgewortelde gevoel dat we niet goed genoeg zijn en geen liefde verdienen. Maar onze ware natuur kan alleen maar uit liefde bestaan. Iedereen is het waard om van gehouden te worden, elk mens verdient pure liefde. Als je diep genoeg in je hart kon kijken dan zou er in prachtige letters geschreven staan: 'Je bent goed'.

Het leven is ons goedgezind, maar door onze eigen onzekerheid durven we niet ons hart te volgen en missen we belangrijke aanwijzingen en kansen.

Laat je niet misleiden door je interne criticus; ook al is hij kampioen afkraker, verder heeft hij nog nooit iets van waarde gepresteerd. Zijn adviezen zijn gebaseerd op onwetendheid en angst. Weiger je te laten ontmoedigen, blijf zoeken naar manieren om je positieve invloed uit te breiden. Of zoals Emma een 47 jarige cliënte uit onze praktijk het omschreef:

'Steeds beter begin ik te begrijpen dat ik, vanaf mijn puberteit, een prachtig leven heb gehad, dankzij alles wat ik heb opgebouwd, en *ondanks* alle angsten, pijn, eenzaamheid en onzekerheid. Mijn heimwee naar sommige aspecten van vroeger is daar het beste bewijs van. Maar ik kan gelukkig ook

9

overduidelijk zien hoe ontzettend rijk ik ben met zoveel warme, veilige liefde in mijn leven. Liefde overstijgt alles.'

De ideale werkelijkheid bevindt zich in je eigen leven, NU! Fantasieën over andere mensen, andere tijden of plaatsen, andere werelden hebben één significant, centraal kenmerk: *jij-zelf*; jij bent de bedenker, regisseur en schrijver. Een gefantaseerde werkelijkheid kan alleen maar ongrijpbaar mooi zijn omdat jij zelf de hoofdrol speelt.

We denken allemaal dat we pas gelukkig kunnen zijn als we bereikt hebben waar we over fantaseren. Maar we vergeten en zien over het hoofd dat we al op de plek zijn waar we zo hartstochtelijk naar verlangen, namelijk bij onszelf.

Jouw unieke persoonlijkheid en eigenschappen maken je verhalen mooi, jij bent de belangrijkste geluksfactor in je eigen dromen. Zonder jou zou je eigen verhaal nooit compleet kunnen zijn. Vanuit dat mooie uitgangspunt kun je verder groeien.

Dus als je ergens naar verlangt of ergens heimwee naar hebt kun je je beter richten op het grootste en beste deel van je sprookje dat er nu al is, dat ben jij zelf. Al het andere hoort bij het steeds wisselende decor.

Nogmaals: een verlangen bestaat altijd uit twee delen, jij… én datgene waar je naar verlangt, zodra het verlangen pijn gaat doen, wordt het tijd voor meer liefde, aandacht en zorg voor het belangrijkste deel van je verlangen: *jij-zelf*!

3 De keerzijde

Liefde en 'houden van' hebben ook een andere kant: de angst iemand te verliezen waar je veel van houdt. Als je jong bent, de verlatingsangst: stel dat een ander hem of haar van je afpakt. En wanneer je ouder bent het besef dat ziekte en het verlies van je partner voor iedereen onvermijdelijk zijn. Beklemmende pijn en angsten, waardoor je je extra vast gaat klampen aan wat je zo dierbaar is.

Van deze angsten hoef je niet te schrikken, kijk er rustig naar en besef dat ze erbij horen. Prettige en pijnlijke emoties wisselen elkaar af en voeden elkaar. Door er met aandacht naar te kijken ontdek je dat ze meebewegen met je ontwikkeling. Als je weet dat lijden een onderdeel van de liefde is, kun je ook met meer warmte en gevoelsbegrip anderen helpen.

Liefde gaat gepaard met vele andere emoties. Hoe beter je in staat bent je eigen gevoelens te begrijpen, hoe meer ruimte er overblijft voor vriendschap en verbondenheid. Omdat gevoelens elkaar afwisselen is het onvermijdelijk dat je je ook somber, eenzaam en angstig kunt voelen. Deze gevoelens zijn absoluut geen teken van zwakte. Ze hoeven niet met allerlei middelen bestreden te worden.

Vooral in liefdesrelaties is het goed om je emotionele wensen bespreekbaar te maken. De behoefte bij iemand te horen en je veilig te voelen is menselijk en voor iedereen herkenbaar. De band met een ander wordt steviger als je toe mag geven dat je je soms diep eenzaam en afhankelijk kunt voelen, daar is niets fout aan. *Geef je kwetsbaarheid toe en durf om bescherming te vragen.*

Je bent, of je dat nu bewust voelt of niet, verbonden met alles en iedereen in dit leven. Dat betekent dat er ontelbare kansen op geluk zijn. Puur en simpel door de dingen die je zelf kunt doen, alleen of met anderen. Er is voldoende voor iedereen.

Onzichtbare verbindingslijnen tussen mensen worden tastbaar door er naar te streven goede dingen voor elkaar te doen. Iedere waardevolle emotionele investering in je relatie heeft zin.

4 Moed

Ze loopt met een kruk, gebogen, schuifelend met haar vrije hand houvast zoekend aan de muur. Haar man heeft haar beneden afgezet en zal daar wachten in de auto.

Ze zit aan mijn bureau en kijkt me met grote verdrietige en boze ogen aan.

'Het heeft geen zin meer' zegt ze huilend en gespannen 'Ik kan niets, ik ben enkel nog een last.'

Ze spreekt van haar hersenziekte die haar invalide heeft gemaakt, ze kan nog maar 1 ding per dag. De ramen zemen of een boodschapje doen. Maar dan is het op. Verbijsterd en met ingehouden woede spreekt ze het uit.

Ja, ze heeft veel lieve reacties gehad van haar (ex) leerlingen en collega's. Jarenlang is ze een zeer actieve en succesvolle lerares van een basisschool geweest en plotseling is dat weggevallen.

Ik voel haar verdriet en woede als ze zegt dat ze er niet in gelooft. 'Denk je echt dat ik hier doorheen kan komen? Denk je echt dat ik kan accepteren hoe ik nu ben?'

'Ja' zeg ik vastbesloten. 'Je kunt hier doorheen komen. Je bent in de rouw, je bent woedend en verdrietig. Ik begrijp dat zeer goed, je hebt veel verloren.'

Ze huilt, diep verdriet schokt door haar lichaam.

'Ik ben alleen nog maar een last.'

'Nee, je bent heel verdrietig en dat is te begrijpen. Je hebt de eerste stap gezet door hier naartoe te komen om te praten, om te verwerken. Dat vind ik heel moedig en dat dwingt respect af.'

'Mijn man heeft me gestuurd, hij is zo goed voor me, wat heeft hij nog aan mij?'

'Hij maakt zich zorgen omdat hij van je houdt, daar draait het toch om, dat hij van je houdt?'

'Ja' zegt ze zachtjes.

Wekelijks komt ze praten. Haar emoties stromen, haar woorden stromen. Woedend op de ziekte en de beperkingen. Somber over haar toekomst als 'lastpost'. Maar er komen ook lichtpuntjes. Eerst in het contact. Oplichtende ogen. Plaagstootjes, grapjes aan het eind van het gesprek.

Dan dooft het verdriet uit. De stroom droogt op en maakt ruimte voor 'hier en nu'. Over de liefde van haar man en kinderen. Dankbaarheid voor hun zorg.

Over nieuwe reisplannen die eerst onmogelijk leken. Over nu genieten van het moment.

Aan het eind van de therapie is ze dankbaar, zeer dankbaar. 'Ik kon niet geloven dat het mogelijk was?' 'Wat?' vraag ik plagerig 'Accepteren' zegt ze zacht.

Een laatste keer breng ik haar naar de lift en ze zegt 'je vergeet me toch niet?'

'Nee' zeg ik, 'ik zal jou en je moed nooit vergeten.'

5 Het is goed

Eén van de meest hoopvolle basisopvattingen over mensen is het besef dat we van nature goed en volledig zijn. Deze gedachte biedt troost in moeilijke levensfasen. We kunnen door ons onvermogen soms verwijderd raken van onze basis-goedheid, maar er blijft altijd de mogelijkheid terug te keren naar onze liefdevolle, wijze menselijkheid.

Als je je goed voelt zul je eerder met vriendelijkheid en begrip op het gedrag van anderen reageren. Door wat we meemaken in ons leven kunnen er heel wat belemmerende lagen van teleurstelling, wantrouwen, angst en pijn zijn toegevoegd. Daaronder blijft alles wat er goed, wijs en compleet is altijd aanwezig en bereikbaar.

Goedheid en liefde gaan samen. Er zijn ontelbare manieren om van het leven, alles in je omgeving, en anderen te houden. Ieder nieuw moment biedt je de unieke mogelijkheid om je aandacht te richten op wie je waardeert.

Liefde maakt je onoverwinnelijk. We kunnen, door allerlei omstandigheden, elkaar uit het oog verliezen. Toch zal blijken, ook al hebben we geen contact, dat we altijd met elkaar verbonden blijven.

Op onze zoektocht naar geluk en met de wens iets moois aan de wereld toe te voegen zijn we allemaal gelijk. Er zijn zoveel mensen bezig met het verspreiden van vriendelijkheid en hulp. Hun goedheid, onschuld en vredelievende bijdrage kan iedereen troost bieden.

Bouwen kost meer tijd dan afbreken, vandaar dat het soms lijkt alsof al je investeringen niet voldoende opbrengen. Laat je er niet door van de wijs brengen; toppen en dalen zijn maar *dagschommelingen*, het gaat om de geduldige optelsom van alle constructieve dingen die je ooit gedaan hebt.

Bedenk, zodra je geconfronteerd wordt met ongewenst gedrag, dat *begrijpen, loslaten en begrenzen* veel beter werkt dan eisen, beschuldigen en afwijzen. De wetenschap dat je vanuit een innerlijke balans altijd teruggaat naar je basis-goedheid, zal je veel energie besparen.

6 Veel weinig doen

Of het nu gaat om lichamelijke of geestelijke inspanning, opruimen, werken, studeren of bewegen, wij geloven heilig in de volgende leefregel: "veel weinig doen is beter dan weinig veel doen". Met andere woorden, heel regelmatig steeds een beetje bijdragen aan de goede dingen in je leven heeft grote effecten.

In plaats van jezelf te dwingen tot allerlei grote inspanningen en nooit tevreden te zijn omdat je simpelweg niet kunt voldoen aan je (te) hoge verwachtingen, kun je beter kleinere stappen nemen en daardoor meer en langer in beweging blijven. Een te streng dieet houd je maar even vol om daarna weer meedogenloos terug te vallen in een ongezond patroon. Jezelf toestaan iedere dag iets gezonder, met mate, maar ook lekkerder te eten is een opdracht waar je makkelijker aan kunt voldoen.

Bij presteren hoort faal- of prestatieangst. Soms is het lastig te herkennen en alleen maar aanwezig als een gevoel van tegenzin of het gevoel dat je minder bent dan anderen. Laat ruimte voor je angst, herken en erken het en stel jezelf gerust met de bevestiging dat je het wél kunt en goed genoeg bent. Maak kleine gedoseerde uitdagingen en studie/ leerpunten van de dingen waar je tegenop ziet. Wandel rustig en gezonder naar je subdoelen.

Verandering bestaat uit twee delen; het *lastige deel* en het *lichte deel*. Het lastige deel is afschrikwekkend, het lichte deel is bevrijdend en hoopgevend. Je toegangsbewijs naar het prettige lichte deel kun je verdienen door, in kleine stappen, het lastige deel te overwinnen, inclusief alle bijbehorende frustraties. De moeilijkheden leiden naar iets beters. Gun jezelf ruim de tijd om te groeien, bepaal je doel en leer het eindresultaat los te laten tot je het vanzelf mag oogsten.

Bij het zoeken naar oplossingen van problemen kun je ook geneigd zijn om alleen maar oog te hebben voor grote radicale veranderingen: een andere baan, ander huis, andere partner, een verre vakantie et. cetera. Toch blijkt vaak dat juist de kleine, overzichtelijke en prettige veranderingen de meeste voldoening geven. Grote dramatische veranderingen werken maar even. Mensen vallen al weer snel terug in hun oude patronen.

In ieder uur is er ruimte voor prettige, nuttige, gezonde, opbouwende activiteiten. Even iets anders doen is al voldoende. *Goede momenten zijn meer waard dan alle overweldigende grote plannen en voornemens.* Vele secondes inzet maken ruimte voor een gezonde nieuwe gewoonte.

7 Geloofwaardige verhalen

We vertellen onszelf, iedere dag weer, verhalen. Verhalen die waar lijken te zijn en te voelen. Verhalen die ons werden ingefluisterd, voorgedaan of ingepeperd. Verhalen die de wereld en onszelf voorspelbaar en begrijpelijk maken.

De belangrijke verhalenvertellers zijn onze opvoeders. Ze staan niet alleen biologisch aan onze wieg. Juist ook psychologisch. Eerst zonder praten, via gedrag. Wordt er rekening met me gehouden of word ik juist genegeerd? Knuffelen? Warmte? Rust en veiligheid? Meestal, maar niet altijd, vanzelfsprekend.

Dan komen de woorden. 'Bah, vies' 'Oh, wat mooi', 'Niet doen', 'Schoonheid'.

Woorden worden aan elkaar geregen tot begrijpende zinnen. Geruststellend, troostend. voorwaardelijk, veroordelend en straffend.

Verhalen over wie je bent. 'Meisjes spelen met poppen' ,'Goh, wat ben je toch lui'.

Verhalen over je toekomst. 'Zo krijg je nooit een meisje hoor' ,'Eerst het zuur dan het zoet'.

Verhalen over je wereld 'Dat zijn kakkers', 'Wij delen altijd alles', 'Pakken wat je pakken kunt, anders pakt een ander het af'.

We herhalen automatisch wat we hebben geleerd. In vertrouwen. En geven het door aan onze geliefden. Dat is ook liefde.

Zolang de verhalen leiden tot het geloof in onszelf, onze wereld en onze toekomst, is er geen probleem. Zolang we de liefde voelen voor het leven en de ander en openstaan voor iedere ervaring, kunnen we in beweging blijven op jacht naar onze doelen. Of uitrusten en onze wonden verzorgen bij het 'veilige kampvuur'.

Soms worden de verhalen anders beluisterd dan bedoeld en soms wordt het bedoeld zoals het wordt beluisterd.

Het gevolg is een verhaal dat leidt tot zeer geloofwaardige negatieve conclusies.

'Ik mag geen fouten maken, dan raak ik alles kwijt.'

'Ik ben fundamenteel onwaardig, er is iets mis met mij.'

'Ik heb recht op een bijzondere behandeling.'

'Ik kan het niet aan, de stress.'

'Ik zal in de steek gelaten/afgewezen worden.'

'Ik kan niet zelf beslissen.'

'De wereld is een gevaarlijke plek.'

'Ik zal eindigen in de goot.'

Catastrofale conclusies die, als ze worden geloofd, leiden tot beperkingen in het functioneren of erger depressie of angst.

Cognitieve therapie (gedachtentherapie) is niets anders dan de kern van dat persoonlijke verhaal boven tafel te krijgen en het te gaan zien als een verhaal dat niet hoeft te kloppen. Door het verwerken van de emoties, door het bespreken van alternatieve verklaringen en door te experimenteren met nieuw gedrag, wordt er gewerkt aan een alternatief verhaal. Een verhaal dat recht doet aan de persoon in kwestie. Compleet met verontschuldigingen, verklaringen, vergeving en een bevrijdend begrip voor zichzelf.

Het herschrijven van het oude, beperkende verhaal is per definitie een worsteling, want de liefde voor onze opvoeders maakt de negatieve conclusie(s), in eerste instantie, het meest geloofwaardig.

8 Waardevol verleden

Het verleden speelt een cruciale rol in hoe we over onszelf, de wereld en onze toekomst denken. Vreemd genoeg zijn we geneigd meer stil te blijven staan bij alles wat er eerder mis is gegaan. Uiteraard is het goed om oude pijn heel duidelijk te erkennen. Maar uitsluitend pessimistisch terugkijken heeft grote gevolgen voor je huidige zelfbeeld.

Wellicht is het ook eens goed om met behulp van een denkbeeldige roze markeerstift nog eens zorgvuldig je levensverhaal terug te halen, en alle hoogtepunten extra aandacht te geven. Tel maar eens heel simpel alles op wat je in je verleden geleerd en gepresteerd hebt, dat is meer dan je denkt.

Maar je kunt meer doen; bijvoorbeeld ook nagaan wat eventuele negatieve ervaringen je uiteindelijk toch nog opgeleverd hebben. Naast het zorgvuldig verzorgen van eventuele oude emotionele wonden verdient het verleden ook een positieve herwaardering en herevaluatie.

Wat waren je meest waardevolle levenslessen? Gewapend met wat er goed was in het verleden ben je beter in staat mooiere plannen voor de toekomst te maken. Je hoeft geen gevangene van vroeger te blijven.

Met behulp van je verbeeldingskracht bereik je meer dan met de vaak zelfbeperkende ideeën uit je jeugd. Durf je groter te dromen als je daarmee je toekomstmogelijkheden gunstiger zou kunnen beïnvloeden?

Hoe zou je kunnen wennen aan een gunstig toekomstbeeld, een leven en een wereld waarin je verder groeit en meer zou kunnen betekenen? Vooruitgang gaat niet vanzelf, het kost inspanning, maar het is goed om duidelijk voor je te zien dat je je meest ideale doelen ook daadwerkelijk zult bereiken.

Zelfs tegenslagen of frustrerende tussenstops kun je met een net iets andere positieve interpretatie beter leren te verdragen. Het zijn de noodzakelijke leerervaringen op weg naar liefde, acceptatie en uiteindelijk je gedroomde levenswerk.

Zowel vanuit het verleden, heden en de toekomst kun je leren dat er naast tegenslagen en slechte ervaringen ook veel goeds gebeurt. Steeds opnieuw kiezen voor een hoopvolle houding, helpt je aan extra kracht, vastberadenheid en doorzettingsvermogen op de momenten dat je daar het meeste behoefte aan hebt.

9 Helden

Ik herinner me de voorbeelden van onrechtvaardigheid, de pijn en het verdriet ervan. Maar nog sterker zijn de herinneringen aan het goede, het verwerken van de pijn. De vergeving, de liefde en heling. Krachtige, persoonlijke inspiratiebronnen.

Zoals mijn stiefvader, Ome Rinus. Van oorsprong een Brabander. Ik zie hem nog voor me staan met zijn grote gebogen lichaam, bonkige handen en hese stem. Zijn vanzelfsprekende zorgende houding voor mijn moeder, zus, broertjes en mij.

Ik herinner me zijn Kreidler in de gang, de geur van motorolie.

Hij stond om 06.00 uur op en waste zich aan de kraan. 'Met koud water, daar word je wakker van.'

'Kom op Freddie, we gaan.'

Opgewonden spring ik voorin de nog lege bakfiets, ik mag mee uit werken. Voor het eerst. Zijn stevige doortrappen stuwt de bakfiets richting Scheveningen. Via de Vaillantlaan. Over de Laan van Meerdervoort. Een andere wereld. Een sjieke wereld. Hoge huizen, sjieke mensen.

Aan het begin van de Obrechtstraat roept ome Rinus: 'Lorre, oud papier, oud ijzer!'

'Freddie, d'r uit en bel bij alle deuren aan. Als ze opendoen, roep je: De Lorreboer!'

Aan het eind van de ochtend is de bakfiets vol. Bovenop de berg kranten en kleding zit ik trots te zijn. Trots dat hij bij mij hoort. Dat hij me beschermt.

Ik ben vaker met hem mee geweest. Autowrakken ophalen, kerstbomen verkopen en kassen slopen. Voor mij een avontuur, voor hem zwaar werk.

Ondanks de oorlog, het verlies van zijn eerste vrouw en de verbroken relatie met zijn eerste zoon, blijft hij hard werken voor ons. Iets wat ik onvoorstelbaar krachtig en lief vind.

Als iemand na zoveel ellende en verdriet toch de juiste dingen weet te doen, is dat een zegen. Zonder hem weet ik niet hoe we hadden kunnen overleven.

Wat zouden we moeten zonder mensen die blijven zorgen voor het goede, die blijven beschermen, ondanks de pijn.

10 Overwinnen

Om de uitdagingen in je leven aan te kunnen heb je vertrouwen, hoop en positieve energie nodig. Wat de één als een onoverkomelijk probleem ziet, kan voor de ander een aantrekkelijke puzzel zijn. Je mentale houding stuurt hoe je, wat er op je afkomt, verwerkt. Meestal is het goed je eigen houding vriendelijk bij te sturen.

Geruststellende informatie is overal aanwezig, maar vanuit stress zien we het vaak over het hoofd. Wat zou er gebeuren als je je meer zou richten op alle bestaande bewijzen van zelfacceptatie, geborgenheid, geduld, compassie, kalmte en helderheid?

Je hoeft niet te vechten met je eigen gedachten en gevoelens. Met mildheid observeren wat er in je omgaat schept voldoende mogelijkheden voor het laten verdwijnen van negatieve ervaringen. Ze lossen op door ze vrij te laten. Onbelemmerd mee stromen met je emoties is minder vermoeiend dan er steeds geforceerd op te moeten reageren.

Blijf op zoek naar manieren waarop je jezelf kunt kalmeren. Er is tegenwoordig een overvloed aan optimistisch makende informatie beschikbaar via internet. Voed je brein met goede, gezonde invloeden. Als de ballast van je angsten en onrust iets meer naar de achtergrond verdwijnen komt er ruimte voor een verfrissende stroom positieve energie.

Voordat je het in de gaten hebt kun je verstrikt raken in de details van allerlei zaken. Is het mogelijk nog een stapje achteruit te zetten, en je zo meer bewust te worden van je gedachten en gevoelens?

Hoe beter je in staat bent rustig te observeren wat er vanbinnen gebeurt, des te minder het nodig zal zijn om impulsief te reageren en daarmee de problemen groter te maken.

Laat alles wat je doet voortkomen uit de diepste ontspanning, zodat je zult gaan merken dat veel vanzelf goed komt. Wanneer je onverwachts toch te maken krijgt met stress, erken dan je spanning en vraag je af wat je kunt doen om weer rustiger te worden.

Jezelf meester maken van je emoties betekent: je gevoelens erkennen of toestaan én daarna zorgvuldig nagaan wat je het beste zou kunnen helpen.

11 Gun anderen geluk

Plezier en geluk kunnen aanstekelijk werken. Meegenieten met het plezier van anderen is een mooie manier om minder aangename gevoelens om te zetten naar prettigere gevoelens.

Iemand missen kan bijvoorbeeld verzachten als je weet dat de ander met goede, waardevolle dingen bezig is. In plaats van weg te zakken in de pijn, richt je je aandacht op de opbrengst van iemands afwezigheid. Je gunt anderen geluk, ondanks je eigen gevoel, en wenst hen het beste toe.

We hebben verschillende gemoedstoestanden of kanten, variërend van onaangepaste negatieve naar optimale, heldere positieve. Als je vastzit in een negatieve gevoelstoestand is het alsof je even gevangen zit in een vroegere, kinderlijke ontwikkelingsfase. Omdat je je gekwetst of aangevallen voelt ben je niet meer in staat redelijk te denken. Vaak blijf je argumenten bedenken die je negatieve toestand versterken. Zodra de negatieve bui weer opklaart kun je met meer afstand en relativeringsvermogen naar de wereld kijken.

Vanuit onze evenwichtige, wijzere kant zien we de wereld zonder allerlei beperkingen en vertekeningen. Dit maakt het ook mogelijk de mensen om ons heen beter te begrijpen en te zien zoals ze zijn. Kwetsbaar, maar meestal met goede intenties. Als anderen vastzitten in hun eigen pijn of moeilijk gedrag, kunnen we ze vanuit onze rustige kant benaderen met meer begrip en ze nog steeds het beste gunnen.

Uiteindelijk hopen we van verwarring en/of isolatie te groeien naar meer overzicht, verbondenheid en vrijheid. Onze ontwikkeling gaat niet in een rechte lijn omhoog, maar wordt gekenmerkt door vele dwaalsporen en tegenslagen. Toch kan en moet het lukken om geleidelijk aan meer in evenwicht te komen.

Denk bijvoorbeeld eens aan het ontstaan van een prachtige lotusbloem. De bloem komt voort uit een donkere poel. Toch is ze daar stralend wit uit voortgekomen, uit alle vruchtbare bestanddelen van modder. Mentaal groeien lijkt - net als bij een lotusbloem- op het zichtbaar of tastbaar worden van je heldere bewustzijn, wijsheid en kalmte. *Na de verwarring volgt het inzicht.*

12 Vader?

Hij loopt met mijn broertje aan zijn hand naar de patatboer op de Goeverneurlaan. Ik wil zijn vrije hand pakken, opgetogen over het vooruitzicht op patat met mayonaise. Hij kijkt me geïrriteerd aan en zegt: 'jij bent niet van mij'. Een zwaar gevoel van 'er niet bij horen en volledig alleen zijn' wordt met één mokerslag duidelijk. 6 of 7 jaar was ik.

'Mama, waar is mijn vader?' Vraag ik een paar jaar later. 'Oh, jouw vader' zegt ze met een weggooigebaar, 'Die is varende, in ieder stadje een ander schatje'.

'En, lijk ik op hem?' vraag ik terwijl ik tegen haar aankruip. 'Nou, het was een knappe man. Gitzwart haar, tatouages. En voor niemand bang, hij sliep met een mes onder zijn kussen'.

Ieder antwoord wordt vastgelegd, voor altijd.

'Waarom is hij weggegaan?' vraag ik door. Gelukkig zit ze op haar praatstoel: 'Hij ging gewoon met een ander, terwijl ik zwanger was. Ik heb haar nog door de kroeg heengeslagen toen ik hem tegenkwam met haar'.

'Maar waar was hij dan toen ik geboren werd?' 'Het was midden in de winter, ik weet het nog goed. Hij kwam aan de deur in de Mijdrechtstraat en wilde jou zien. Ik heb hem weggestuurd'.

Ze heeft hem weggestuurd.

En dat was het. Alle informatie over mijn vader. Geen foto. Zonder naam. Geen persoonlijk contact. Geen herinneringen aan hem.

Een groot en donker gat. Een groot en donker missen. Hoe kun je iemand missen die je niet kent? Hoe kun je verliezen zonder te hechten? Zo, dus.

Het uitblijven van die liefde heeft me getekend. Als kind nam ik alles klakkeloos aan. En vond het verhaal over mijn vader een groot avontuur. Later, vanaf mijn puberteit, besefte ik op een diep niveau dat het uitblijven van die vaderliefde een grote last is. Hoe kon een vader zijn kind niet erkennen? Hoe kon een vader de liefde onthouden aan zijn eigen kind? Dan moest er wel iets mis zijn met het kind, dacht het puberkind.

En er bleek veel mis met het puberkind. Hij was sensitief en bleek ook nog verliefd te worden op een jongen. Natuurlijk was het logisch dat zijn vader was verdwenen.

Inmiddels ben ik ruim volwassen. De storm is gaan liggen. Het diepe verdriet gekalmeerd. Niet omdat ik mijn vader ooit nog heb gevonden. Maar omdat ik, na veel woede en verdriet, mijn vader los heb kunnen laten. Hem heb kunnen vergeven dat hij zijn liefde, vanuit onvermogen, niet door kon geven.

Nog steeds word ik geraakt door een kind dat met de aandacht en zorg van beide ouders opgroeit. Of door bejaarde ouders die graag hun volwassen kinderen steunen in moeilijker tijden. Voor mij is dat niet vanzelfsprekend.

Misschien is dat ook wel wat me nu zo dankbaar maakt, dat de liefde van de mensen om me heen geen vanzelfsprekendheid is.

13 Schijnzekerheid

Aan de buitenkant ziet het er bij de meeste anderen prima uit, alsof ze alles goed voor elkaar hebben en zelfverzekerd zijn. Vanbinnen is het vaak een heel ander verhaal; twijfels. minderwaardigheidsgevoelens en verlegenheid kunnen ware plaaggeesten zijn. Om maar te zwijgen over allerlei vage en overduidelijke angsten. Schijnbaar ontspannen van buiten, strak van de spanning vanbinnen.

Hoeveel mensen in dit land zouden zich onzeker, eenzaam, bang, bedroefd, boos of blij voelen? De echte aantallen zouden je duizelig maken. Welke emotie je ook neemt, op dit moment zijn er miljoenen anderen die precies hetzelfde voelen als jij. Ook al denk je vaak dat je de enige bent. Een troostende gedachte, in je gevoel ben je nooit alleen. Onze menselijkheid delen we met ontelbare anderen.

Van nature bezitten we een ongekend aantal mogelijkheden. Als deze vrij zouden mogen stromen ben je in staat het beste uit jezelf te halen. Moeiteloos, vrij en gelukkig. De kunst van dit leven is om onbelemmerd je kracht met de wereld te delen.

Er is maar één stevige stoorzender en dat zijn al je *aangeleerde*, beperkende, negatieve opvattingen over jezelf. Je zult dus alles moeten doen om deze overbodige ballast kwijt te raken en je *aangeboren*, natuurlijke vrijheid terug te veroveren.

Angst kun je vervangen door bewondering, respect en liefde voor al het goede in je leven. Hoe dichter je blijft bij waar je tevreden over bent, hoe groter de kans dat je je beter zult gaan voelen. Je potentiële kracht is onmetelijk groot, dus behalve angst, hoeft niets je tegen te houden om je succesvol en zelfverzekerder te voelen. Blijf bouwen, blijf in beweging.

Beschrijf alles waar je ontevreden over bent en gooi het direct daarna weg. Je hebt deze gevoelens geuit en kunt verder. Noteer vervolgens je kwaliteiten en wat je zou willen bereiken. Bewaar het zorgvuldig en lees het zo vaak als je wilt om jezelf te stimuleren.

Voel de kracht van je goede kanten. Vertrouw op je positieve intenties en ga aan de slag. Bevestig als een geluks-matra keer op keer dat je voldoende moed en kracht hebt om je doelen te bereiken.

14 Oogsten

Mensen in ontwikkeling willen scoren. Voortdurend zoeken ze naar hoogtepunten en sprekende resultaten, alles daaronder wordt niet meegeteld. Successen zijn prettig en belangrijk, maar daarnaast zijn er ontelbare ander gewone dagelijkse bezigheden die ook je waardering verdienen. In plaats van te willen scoren, moet je ook leren oogsten wat er aan goeds voorbijkomt.

Voorafgaand aan het oogsten mag je - in een rustig, ontspannen tempo - werken aan je doelen. Stapje voor stapje de bouwstenen opstapelen. Met een glimlach, vriendelijk in beweging blijvend. Dankbaar groeiend, met passie en trouw aan je doelen, genietend en samenwerkend. Terwijl je vol vertrouwen verder gaat kun je oogsten en de vruchten van je inspanningen plukken. Met één dag tegelijk.

Als de last van je opgestapelde taken te zwaar dreigt te worden, probeer dan terug te keren naar vandaag. Wat kun je nu doen om het zware gevoel iets lichter te maken. Eerst goed uitrusten en ontspannen en daarna kort één deeltaak uitvoeren. Maak het zo aangenaam mogelijk. Benoem het als een prettig ontwikkelingspunt, niet als iets wat je 'moet doen'. Respecteer eventuele onaangename gevoelens, zonder te krampachtig te eisen dat ze verdwijnen.

Het gaat er in dit leven niet om waar je bent, maar vooral om wat je doet. Vanbinnen en vanbuiten ontmoet je, iedere dag weer, nieuwe kansen en mogelijkheden. Geef je toe aan die dagelijkse moordende angsten óf richt je je aandacht op de dingen waar je zelf invloed op kunt uitoefenen? Een rijk geestelijk leven kost niets en laat minder ruimte open voor de dingen die niet goed voor je zijn.

Creatieve mensen zijn vaak hooggevoelig. Aan de ene kant een voordeel omdat ze daardoor extra oog voor mooie details hebben, maar andere kant kan het ze ook extra vatbaar maken voor het piekeren over allerlei mogelijke 'rampen'.

Probeer niet iedere frustratie of tegenslag in 'alles of niets- termen' te beoordelen. Blijf genuanceerd denken. Op de momenten dat er weer iets goed gaat kun je meestal overduidelijk vaststellen dat er meer dan voldoende goeds in je leven te oogsten blijft.

15 Vechten

Herinneringen aan vechtpartijen blijven zich opdringen, gecombineerd met verdriet en het diepere gevoel van onveiligheid. M'n moeder kon, zeker voor haar veertigste, flink uithalen. Fysiek. Een lange vrouw, met grote handen.

Ze sloeg ook haar kinderen, vaak met de mattenklopper. Soms met de vlakke hand. Meestal een ingehouden boosheid, we wisten dat ze niet door zou slaan. 'Nee mamma, niet doen' werd er vanonder de dekens gegild terwijl ze erop sloeg. Nooit echt serieuze klappen.

Maar soms was de woede onomkeerbaar. Wanneer ze ruzie had met haar vriend Ome Rinus, of met één van de buren. Het eerste gebeurde regelmatig, onder invloed van alcohol. Het laatste heel af en toe, als ze zich in de 'maling' genomen voelde.

Het was in de Stieltjesstraat, in de vroege kleuterperiode van mijn leven. Toen ik 's avonds nog in een luierbroekje buiten speelde.

'En nu ben ik het ZAT!' gilt ze terwijl ze de asbak beetpakt en een gooi door de kamer geeft. Iedereen is meteen stil. De kinderen weten dat het nu menens is. Ome Rinus probeert te kalmeren met zijn hese stem:

'Doe nou rustig Annie, ze komt het wel brengen deze week.'

Maar ze was niet meer rustig te krijgen:

'Ik pak d'r bij d'r haren en trek haar de Tak van Poortvlietstraat door, de vuile vieze verrader! Ze denkt zeker dat ik me in de maling laat nemen.'

Ze voegt de daad bij het woord en loopt vastbesloten de achterdeur uit, gevolgd door ome Rinus en de kinderen.

Voor de deur van de buurvrouw roept m'n moeder: 'Kom d'r is uit smerige dief, anders haal ik je d'ruit, me geld terug en wel NU!'

Ik hoor roepen: 'Vechten mensen, sensatie!' en de straat loopt vol met nieuwsgierige en sensatiebeluste buren.

De buurvrouw laat zich niet zien. De gordijnen en de deur blijven gesloten.

Ze schopt tegen de deur en bonst tegen de ramen, roepend: 'm'n geld terug vuile verrader!'

Het loopt met een sisser af. De buurvrouw laat zich niet zien en mijn moeder kalmeert. Roept nog naar de buren 'of ze het goed kunnen zien, of ze ook nog wat hadden.' Dat is het sein voor de mensen om af te druipen.

Ik weet niet of mijn moeder haar geld nog heeft terug gekregen. Maar ik weet wel dat haar woede grote indruk op me maakte. Niet alleen vanwege de agressie, maar vooral vanwege haar diepe verdriet en onmacht. Eerst was ik trots op haar vechtlust, en vermoedde ik ergens in de verte haar onvermogen. Later zag ik alleen nog de pijn. En iedere keer wanneer ze in deze gemoedstoestand terecht kwam stond alles op zijn kop.

Nu weet ik dat ze niet alleen vocht met haar misbruikende (ex)vrienden en buren, maar vooral ook met haar eigen verleden en wantrouwen. Met haar diepe overtuiging dat je uiteindelijk misbruikt en in de steek gelaten zult worden. Ze geloofde -door het onrecht wat haar was aangedaan- dat de wereld een jungle is waar je moet vechten om te overleven.

Ik begrijp wat haar zo overstuur maakte, waar het vandaan kwam, en daarom heb ik haar kunnen vergeven.

16 Wijsheid en kennis

Leren en kennis verwerven geeft kracht. Ons brein wil bezig zijn. Als je niet uitkijkt gaan je gedachten er met je geluk vandoor. Ze kunnen je maar blijven bestoken met denkbeeldige gevaren. Maar je kunt je intelligentie en leervermogen ook in je eigen voordeel gebruiken en al doende steeds een beetje sterker worden. Er is zo oneindig veel goeds te leren.

Je zou bijvoorbeeld kunnen leren te mediteren. Overal online en in bibliotheken vind je informatie over meditatie of mindfulness. Alles wat je dagelijks doet is met een beetje gerichte aandacht om te toveren tot een mooie mindfulness oefening.

Stress, onzekerheid en stemmingswisselingen kun je gebruiken als een signaal voor het intensief richten van je aandacht op waar je mee bezig bent. Even weg van je gedachten en je focus verplaatsen naar wat je doet. Achter de grijze wolken de heldere blauwe lucht leren zien. Het zal je bijna direct ontspannen.

Je hoeft echt niet de hele dag in een lotushouding te zitten om de voordelen van mindfulness te ervaren. Bewust bezig zijn met je dagelijse activiteiten kan ook al een positief, kalmerend, meditatief effect hebben. We houden altijd de kans om te groeien en te leren, zodat we sterker kunnen worden dan tegenslagen. Je beschikt over vele malen meer reserves dan je denkt.

Zorg ervoor dat je betekenisvolle doelen houdt waar je met heel je hart voor wilt gaan. Het gaat erom waar je naar toe wilt, niet om wat je wilt vermijden. Zinvolle, aantrekkelijke doelen houden je scherp. Zolang je doelen je meer motiveren of groter zijn dan je angsten zul je ze makkelijker kunnen bereiken. Stel je je doelen zo mooi mogelijk voor.

Je kunt je steeds opnieuw weer voornemen om je taken ontspannen, geconcentreerd en rustig uit te voeren. Maak daarbij ook gebruik van je creatieve talenten; bedenk nieuwe en productieve oplossingen voor eventuele obstakels op je pad.

Ben je bereid onbevangen en nieuwsgierig te kijken naar alles wat deze wereld met al haar mogelijkheden je te bieden heeft? Jezelf ontwikkelen, ook om anderen verder te helpen, blijft een van de mooiste doelen van dit leven.

17 Droomangst

'Stel je voor dat het je zou lukken je coachingsdroom waar te maken, hoe zou dat zijn?', vraag ik haar.

Ze kijkt me verschrikt en een beetje verbaasd aan.

'Dat voelt ongemakkelijk', zegt ze.

'Dat snap ik, een droom kan heel beangstigend lijken, vooral als het de juiste is' ,antwoord ik met een knipoog.

Ze lacht: 'Is dat zo?'

'Jazeker, hoe zou dat zijn, je droom die uitkomt?' herhaal ik.

Zoekend naar woorden: 'Dan zou ik, vanuit mezelf, iets toevoegen aan een ander, waardoor die ander verder kan komen. Dat is wat ik zou doen als ik coach zou zijn. Maar ik denk niet dat ik dat kan.'

'Nee, ik weet dat je dat denkt. Dus vanuit jezelf, iemand verder kunnen helpen? Hoe zou dat zijn?'

'Nou, als ik mezelf niet zou overwerken, en op mijn eigen tempo in mijn eigen coachingskamer, mensen zou kunnen helpen. Dat zou wel heel bijzonder zijn. En als ik daar geld voor zou durven vragen…. Maar dat roept meteen een muur van angstig makende weerstand op. En dan denk ik meteen dat die angst mij een slechte coach maakt'.

'Dus een goede coach worstelt niet met angst…'

Ze schiet weer in de lach…

'Hoe zou je je voelen, als het je toch zou lukken?'

Zoekend: 'Als ik denk aan de trainingen die ik heb gegeven, de momenten dat ik echt iets kon betekenen voor anderen. Alleen al het idee dat je mensen die vastzitten kunt helpen meer van hun leven te maken…Daar word ik gelukkig en dankbaar van'.

'Dus, zo belangrijk is het voor je. Het gaat over jouw geluk. En als het zo belangrijk is, lijkt het ook meteen heel beangstigend. Ik denk dat je droom precies bij je past, juist omdat het je zo aanvliegt'.

'Hoe reageren vrienden op je droom? Wat zeggen ze?'

Zoekend: 'ze vinden het heel logisch, zeggen dat ik dat moet gaan doen'

'Dus niemand heeft gezegd dat het niet bij je past. Hoe voelt dat?'

'Heel geruststellend, mijn angst wordt minder'

'Heel fijn, maar het is wel belangrijk stapjes te blijven zetten richting je geluk, richting je droom. Wat is je volgende mini-stap?'

18 Gericht op gevaar

Ben je teveel op zoek naar wat er mis is? Komen 's ochtends als eerste je stressmomenten terug? Blijf je piekeren over mogelijke gevaren en problemen? Het is een menselijke gewoonte om jezelf constant bezig te houden met allerlei negatieve zaken. Niet omdat je er plezier aan beleeft, maar vooral omdat je hoopt dat je, met je piekergedachten al je problemen kunt oplossen.

Als je verleden minder veilig was, zul je nog meer gericht zijn op alles wat er mis zou kunnen gaan. Toch is het mogelijk om via je aandacht en gedrag jezelf te trainen ook de goede kanten van het leven te zien. Het vraagt net iets meer inspanning, maar de kans is groot dat je je er wel iets beter door gaat voelen. Stuur je aandacht met gerichte vragen zoals: welke informatie ondersteunt een optimistische kijk op mijn leven? Wat gaat er goed? Wat vind ik prettig?
Je op het goede in je leven richten lijkt soms bedreigend omdat je constant op je hoede wilt blijven. Mensen zijn bang kwetsbaar en naïef te worden als ze

niet bezig blijven met wat er mis kan gaan. Alsof ze vanuit hun optimisme het noodlot tarten.

Een prettig gevoel is niet het teken dat er onheil aankomt, maar gelukkig een van de vele gemoedstoestanden. Het staat op zich en zegt niets over wat er gaat komen.

Je mag je goed voelen en probeer er van te genieten. Verzamel iedere dag meer kwaliteitspunten, door bezig te blijven met constructieve, prettige en leerzame activiteiten. Daarmee vergroot je de kans op een stabiele, betere stemming.

Gevoelens en gebeurtenissen komen en gaan. Probeer bij de dag van vandaag te blijven. Te ver vooruit kijken maakt onzeker omdat niemand kan garanderen dat alles goed blijft gaan. Dat hoeft ook niet zolang je weet dat je voldoende in huis hebt om eventuele tegenslagen aan te kunnen. Vooral als je er naar streeft om er iedere dag iets bij te leren en meer veerkracht op te bouwen.

Waarom zou je extra teleurgesteld moeten zijn als er iets misgaat en je doorlopend moeten bezighouden met allerlei toekomstige tegenslagen? Zowel negatieve als positieve ervaringen bieden je steeds weer een nieuwe kans iets moois van je leven te maken.

19 Vertrouwen

Zoek je bewijzen voor wantrouwen, dan zul je ze vinden. In de 'afkeurende' blikken van anderen, in de onrechtvaardige berichten van het nieuws, in de harde houding van politici, in de belachelijk makende roddelrubrieken, in het gedrag van pestende pubers of geloofsfanaten, in de onvriendelijkheid van cynische buren. Er zijn bewijzen voor wantrouwen. Je krijgt gelijk, als je er bevestiging voor zoekt.

Angst en depressie zijn het eindpunt van een wantrouwend brein. Angst als wantrouwen ten opzichte van je eigen kracht; niet durven geloven dat je de spanning van bepaalde situaties of uitdagingen kunt doorstaan. Depressie als wantrouwen tegenover de mate waarin je het leven kunt beïnvloeden; niet durven hopen dat het in de toekomst beter kan gaan.

Je kunt niet alles weten en dan pas gaan vertrouwen. *Vertrouwen is het antwoord, ook wanneer je nog niets zeker weet.* Het zoeken naar zekerheid, het moeten weten in plaats van vertrouwen, blijft een angstig houvast zoeken in een onveilige wereld.

Om te kunnen groeien en jezelf te ontwikkelen is het noodzakelijk risico's te durven nemen. Toch iets doen, zonder vooraf te weten hoe het af zal lopen. De eerste belangrijke stap zetten, dat is vertrouwen.

Je weet niet zeker of je zult worden uitgelachen als je een spreekbeurt gaat houden. Als je het wel zeker zou weten ga je natuurlijk nooit meer spreken in het openbaar. Je weet niet zeker of je bedrijf zal mislukken. Of je een partner zult vinden. Of je.. (vul zelf in).

Vertrouwen geeft je de kracht risico's te nemen. Het leven zelf is één groot risico. Een angstig of depressief brein gaat (delen van) het leven niet meer aan. Daarom is het van zo groot belang om in beweging te komen en te blijven, om richting je doelen te gaan. Juist ook nadat een doel niet gehaald is of wanneer er iets niet goed is gegaan.

Het vlottrekken van een depressief of angstig brein begint met kleine (denk)stappen. Zoals leren afstand te nemen van je eigen angstige en depressieve redeneringen.

Ons brein weet niets zeker, we voorspellen. Meestal denken we zwart/wit, in schijnzekerheden. We vergelijken de positieve en sterke kanten van anderen met onze eigen kwetsbare kanten. We redeneren op basis van hoe iets voelt, vaak niet op basis van de feiten. We zijn geneigd gevaren te overschatten en onze vaardigheden te onderschatten.

Blijf je brein uitdagen realistischer en optimistischer te redeneren. Durf micro-experimenten uit te voeren, waarmee je stapsgewijs richting je doelen kunt gaan. Om het brein te laten zien dat het wél kan. Om vertrouwen te bouwen, in je eigen toekomst en kracht.

Je weet niets zeker, daarom is er vertrouwen. Als je In beweging komt maak je ruimte voor je ontwikkeling en kwaliteiten. En blijf vooral zoeken naar bevestiging van vertrouwen, niet in de fouten, niet in het negatieve, maar in je vooruitgang en successen. Vertrouwen is te leren.

Waarom is vertrouwen belangrijk?:
-Vertrouwen is geloven in het goede.
-Vertrouwen in jezelf en anderen heb je in elke fase van je leven nodig om tegenslag aan te kunnen.
-Vertrouwen stelt je in staat makkelijker het onvermogen, de beperkingen en grenzen van anderen te accepteren, zonder direct te denken dat zij jou tekort willen doen.

-Als je anderen vertrouwt kun je ook van hun gedrag leren en goede voorbeelden kiezen. Zelfs als deze rolmodellen het bij teleurstellingen zelf ook niet meer precies weten.

-Vertrouwen en geven om anderen gaan hand in hand. Om anderen te durven vertrouwen moet je het gevoel hebben dat zij om je geven en je aardig vinden en dat ze je geen kwaad zullen doen.

-Vertrouwen maakt de kwetsbaarheid van anderen begrijpelijk en invoelbaar.

-Vertrouwen stelt je in staat redelijk optimistisch en hoopvol te blijven.

-Als je anderen vertrouwt ben je sneller bereid je gevoelens en gedachten te delen en kun je makkelijker van anderen leren.

-(Zelf)vertrouwen helpt je de vaardigheden te ontwikkelen die je nodig hebt bij elke vorm van frustratie.

-Vertrouwen maakt het mogelijk hulp aan anderen te vragen en hun adviezen aan te nemen.

Vertrouwen kan niet voorkomen dat je geconfronteerd wordt met negatieve ervaringen. Het is ook niet de enige bouwsteen voor veerkracht. Maar het is wel een belangrijke voorwaarde voor het aanboren van de juiste hulpbronnen in jezelf en anderen.

20 Krachtig alleen-zijn

In een ideale wereld zouden we prima alleen kunnen zijn. Maar in werkelijkheid voelen we ons tijdens onze 'eenzame' momenten als een puppy die voor het eerst alleen wordt gelaten. Huilend, blaffend, krabbend aan de deur en alles stuk makend, uit pure frustratie en onmacht. Toch blijkt dat alleen zijn ook grote voordelen kan hebben. Zoals bijvoorbeeld *tijd voor herstel, reflectie en verdieping.*

Zelfkennis, creativiteit en leervaardigheden zouden tot volle bloei kunnen komen als we onszelf de kans zouden gunnen op bepaalde vormen van afzondering.

Alleen-zijn is te leren. Er is wel lef voor nodig. Je moet het aandurven om soms door onaangename dalen van eenzaamheid heen te gaan. Ook al is dat soms pijnlijk, de uiteindelijke winst kan groot zijn. Het levert je het mooie gevoel op dat je het ook met jezelf uitstekend kunt vinden. Vriendschap sluiten met wie je bent. Niemand die je nog iets kan maken omdat je diep vanbinnen weet wat je aan jezelf hebt.

Wat zou er gebeuren als je je nieuwsgierigheid zou gebruiken om het alleen-zijn dragelijker te maken? In plaats van wegvluchten of klagen zou je ook heel bewust op zoek kunnen gaan naar drie unieke of nieuwe solo-avonturen. Onverwachte verrassende dingen die je anders nooit zou hebben meegemaakt. Ze moeten er zijn en ze kunnen de moeilijke momenten transformeren naar uitdagende groei-ervaringen.

Ontdekken wat er vanbinnen gebeurt is een helende, voedende ervaring, *vanuit stilte ontstaat er een heldere, innerlijke rust en meer relativeringsvermogen.* Het helpt je te vertrouwen op de mogelijke oplossingen voor je problemen. Mensen die altijd aan het rennen zijn en de drukte opzoeken lopen ook de kans mis om stil te staan bij wat er aan goeds bij zichzelf te halen is.

Durf je het contact met jezelf te herstellen? Zelf om leren gaan met de leegte en pijnlijke gevoelens vanbinnen maakt je minder afhankelijk van anderen en daardoor kun je ook beter en vrijer met de mensen in je omgeving omgaan. Wat diep vanbinnen zit zoekt expressie in de buitenwereld.

Je binnenwereld meer aandacht en betekenis geven haalt het beste, meest waardevolle in jezelf naar boven.

21 Zelfbeheersing

Je opwinden over probleemsituaties of andere mensen wordt voornamelijk veroorzaakt door je eigen negatieve gedachten. Als er iets misgaat bedenkt je brein een hele reeks negatieve oorzaken en redenen. Vaak maak je daarmee de problemen alleen maar groter.

Er is een eenvoudig gedachte-experiment waarmee je dit problematische patroon kunt doorbreken. Het begint met het stellen van een eenvoudige vraag: 'Stel dat deze situatie ergens goed voor zou zijn?', vervolgens ga je potentiële toekomstige voordelen of leerpunten bedenken van je huidige probleem. Dit gedachte experiment zal je op zijn minst iets rustiger kunnen maken en voorkomen dat je verstrikt raakt in allerlei negatieve complot theorieën.

-Wat probeert dit probleem me te vertellen?

-Wat gaat dit probleem me opleveren?

-Wat heb ik nog niet geleerd over mezelf?

-Wat kan ik hier van leren?

-Hoe kan dit probleem me dichter bij mijn doelen brengen?

Voor het leren beheersen van je emoties is het goed een onderscheid te maken tussen twee belangrijke breinactiviteiten: *ervaren en observeren*. Als je iets *ervaart*, wordt je er volledig door in beslag genomen. Helaas kunnen vooral nare emoties, negatieve gedachten en onaangename gebeurtenissen je stevig in hun beklemmende greep houden; met als risico dat je jezelf verliest in je ervaringen en gaat geloven in je eigen gecreëerde drama's of rampen.

Maar je kunt gelukkig ontsnappen uit dit patroon door meer ruimte vrij te maken voor de wijsheid van het *observeren*. Wie in staat is tot observeren weet dat iedere gebeurtenis tijdelijk is en weer voorbijgaat. Gevoelens en gedachten, hoe heftig ze ook kunnen zijn, zullen vanzelf weer verdwijnen. Je bent veel meer dan je gevoelens, gedachten of gedrag. Met iets meer geduld leren kijken naar jezelf maakt je steviger, stabieler en standvastiger.

Piekeren zet je vast in je gedachten. Alsof je in een boek van honderdduizend woorden de juiste zin moet zoeken, een speld in een hooiberg. Terwijl meditatie precies het tegenovergestelde doet. Door je te richten op je ademhaling en/of een mantra (bijvoorbeeld: liefde-vergeving-dankbaarheid) gebeurt er een wonder. Zomaar onverwachts vanuit een diepe, wijze bron kan er een inzicht komen dat je verder helpt.

Zorgvuldige aandacht blijft het juiste antwoord op iedere emotionele storm. Als je een geduldige toeschouwer mag zijn van je eigen gevoelens, kun je jezelf blijven accepteren. Je onschuld, schoonheid en goedheid zijn vele malen machtiger dan je onvermogen. Gun jezelf het kostbare -kalmte herstellende- geschenk van een meditatieve levenshouding.

22 Supervisie

Mijn eerste stageplek tijdens de psychologieopleiding was in een ziekenhuis, bij de afdeling Medische Psychologie. Mijn werk bestond uit het neuropsychologisch testen van mensen bij wie men dementie vermoedde. Daarnaast werden mensen kortdurend gedragstherapeutisch behandeld voor hun angsten.

Ik was enthousiast en leergierig. Eindelijk kon ik aan het werk, therapie doen. De belangrijkste reden voor mij om psychologie te gaan studeren.

Ik keek op tegen de Supervisor, zoals ik opkeek tegen de meeste mensen die het hadden 'gemaakt' in hun vak. Hij had de grootste kamer van de afdeling, met twee lederen stoelen en een groot bureau.

Het was tijd voor onze eerste supervisie afspraak. Ik had de opdracht gekregen een opname van een gesprek met een cliënt mee te nemen. Hij wees me mijn stoel en stopte het bandje in het apparaat, waarna hij een sigaar opstak. Hij startte het bandje en luisterde met aandacht naar de opname.

Vervolgens begon hij afkeurend zijn hoofd te schudden en maakte hij afkeurende geluiden met zijn tong. Plotseling schoot hij naar voren, stopte de tape, terwijl hij uitriep: 'Ja, zo moet het dus niet hè...'

Verbouwereerd en geschrokken probeerde ik te luisteren naar zijn feedback. Flink teleurgesteld vertrok ik weer met de opdracht een nieuw gesprek op te nemen.

Zo verliep de supervisie standaard. En alhoewel ik veel plezier beleefde aan de test- en therapiesessies met cliënten -die eigenlijk altijd tevreden waren- de supervisies bleven een beproeving.

Uiteindelijk vroeg ik hem een evaluatiesessie met me te houden. Ik dacht dat ik hem wel uit kon leggen dat de supervisie me zo niet verder hielp. Dat ik het nodig had om te horen wat er goed ging, wat mijn kracht was.

Hij luisterde naar mijn kritiek op zijn negatieve manier van feedback geven en sprak de enige woorden die ik wel van hem heb kunnen onthouden: 'ik heb je toch aangenomen, daaruit blijkt dat ik je goed vind.'

Ik ging niet verder het gevecht aan met hem, want ik bleef afhankelijk van zijn beoordeling. Maar ik voelde wel dat er iets wezenlijks ontbrak aan zijn benadering.

Natuurlijk is kritiek geven en ontvangen belangrijk, je moet ook kunnen horen wat er nog niet goed gaat. Maar door uitsluitend fouten te benadrukken creëer je angst en verdwijnen, langzaam, maar zeker, iemands motivatie en inspiratie. Je leert vooral dat je het niet kunt.

Gelukkig kwamen er ook andere, opbouwende en positievere supervisoren. En er waren natuurlijk de cliënten die opknapten door mijn interventies. Zij leerden hun angsten en somberheid hanteerbaar te maken en zagen weer nieuwe toekomstmogelijkheden. Een grotere inspiratiebron dan tevreden cliënten was niet meer nodig.

Ik geloof in het grote belang van het opbouwen van zelfwaardering en zelfvertrouwen, dat is ook de reden waarom ik 'Denk je sterk' heb geschreven en waarom ik nu zo blij ben met de positieve psychologie; de wetenschappelijke stroming die zich richt op het vergroten van menselijke kwaliteiten, welzijn en geluk. Het uitspreken van wat er goed gaat, is daar onlosmakelijk mee verbonden.

23 Op de loop

Zijn moeder zag ik zelden thuis, wanneer ik bij hem op bezoek was. We kwamen haar meestal op straat tegen. Een klein gedrongen vrouwtje, gezet en grote borsten. Ze kwam oorspronkelijk uit Duitsland. Haar haren achter op haar hoofd, samengebonden in een knot. Verschillende tassen en zakken met zich meedragend.

Ze sprak ons aan: 'Hast du die Erika gesehen?' Ondertussen spiedend, zoekend, rondkijkend. Ronnie antwoordde kortaf dat hij zijn zus niet had gezien. 'Was doen jullie?', vroeg ze vervolgens. Ik: 'Oh, we gaan naar Scheveningen.' Waarna ze me indringend aankeek en vroeg of we niet stout zouden zijn.

'Nee, natuurlijk niet, zei ik met een knipoog', waardoor haar gezicht opklaarde en haar ogen vrolijk twinkelden, ik zag haar geruststelling en ik voelde haar warme aandacht. Voor even maar. Vervolgens pakte ze haar tassen op en riep ze, terwijl ze stevig doorstapte: 'stuur die Erika nach hause!'

Toen ik voor het eerst bij hun thuis haar keuken zag, realiseerde ik me dat er iets vreselijk mis moest zijn. Het gasstel was zwartgeblakerd, nooit schoongemaakt. Overal viezigheid, vlekken en vet. Ik kon aanvankelijk niet geloven wat ik zag.

Maar Ronnie en zijn vier broers schenen het heel gewoon te vinden, er werd geen woord over gerept. In diezelfde periode mocht ik bij hun een nacht logeren, we zaten de hele nacht op, te monopoliën. Dat vond ik bijzonder. Een vrijheid die ik nog niet kende. Hun moeder was thuis, die nacht. Ze zette koffie of maakte boterhammen. Geen woord over 'op tijd naar bed gaan'. Gezelligheid troef. En 's ochtends vroeg langs de bakker voor verse broodjes. Alles leek een avontuur.

Onder de oppervlakte voelde ik wel het gemis aan stabiliteit en structuur. Iets wat mijn moeder, ondanks haar emotionele schommelingen, toch voor elkaar wist te krijgen. Koken was bij ons vanzelfsprekend. Iedere avond aten we 'warm'. Volle borden met aardappels, groente, vlees en heerlijke jus. Soms de Soeboer (Indonesisch) of patat. Mijn moeder keek tijdens de maaltijden de tafel rond en genoot zichtbaar van onze eetlust.

Vanwege de omstandigheden bij Ronnie thuis werd het ook vanzelfsprekend, dat hij -als mijn beste vriend- steeds vaker bij ons aanschoof voor de warme maaltijd. Op deze manier werd hij meer dan een vriend, hij werd familie.

Ondertussen groeide onze vriendschap. Die bestond vooral uit,samen lopend, onderweg zijn. Door de stad, langs het spoor, in plantsoenen en parken, naar het zwembad of naar Scheveningen. Soms naar een KungFu- of Tarzan film. We lachten veel.

Regelmatig kwamen we zijn moeder tegen, altijd zoekend. En heel af en toe ook zijn vader die telkens boos of zeer agressief reageerde . Ronnie moest steeds weer maken dat hij veilig wegkwam. Toen ik vroeg waarom zijn vader hem wilde pakken zei hij dat zijn vader een 'zuiplap en niet goed bij z'n hoofd was'. Jaren geleden had hij zijn gezin al verlaten.

Met z'n tweeën door de stad lopen bleef een groot avontuur. Niemand kon ons iets maken of tegenhouden. Constant in beweging, pratend over alles wat ons bezighield. Een vriendschap die kracht, geborgenheid en vertrouwen gaf. Zo liepen we samen onze puberteit tegemoet.

24 Schuldgevoel

Je ergens onterecht schuldig over voelen kan letterlijk pijn doen. Soms zo erg dat het lijkt alsof je er ziek van wordt. Diep vanbinnen denk je ook dat je niet beters verdiend hebt. Vaak staat je schuldgevoel niet in verhouding tot wat je misdaan zou hebben. Het kan goed zijn te onderzoeken of je daadwerkelijk iets misdaan hebt of tekortschiet.

Als je het bijvoorbeeld, na een traumatische jeugd, niet meer aankunt om veel contact te hebben met je familie, dan is een schuldgevoel een extra last die je niet verdiend hebt. Respectvolle compassie voor je eigen verleden en ontwikkeling zou meer op zijn plaats zijn.

Je hebt nooit gevraagd om wat je is aangedaan -*ieder kind wordt volkomen onschuldig geboren*- en de pijn kan alleen maar groter worden als je jezelf blijft straffen en geen nieuwe ruimte gunt.

Stop met zelfkwelling, wat niet kan, gaat niet. Je hoeft niet vast te blijven zitten in oude gedachten. Wat zijn betere, nieuwe gedachten? Kun je op zoek gaan naar de *hogere betekenis* van je huidige onmacht? Wellicht dient het gezondere doelen dan je denkt.

Wat is er voor goeds voortgekomen uit het gedrag waar je je onterecht schuldig over voelt? Hoe heeft het je geholpen de wereld een beetje beter te maken? Vanuit liefde en spijt kun je altijd iets betekenen voor anderen. In kleine en grote dingen. *Wellicht hebben je eerder gemaakte keuzes ook positieve gevolgen voor anderen gehad*, zelfs voor de mensen die je tekort gedaan zou hebben.

Schuldgevoel is nooit de goede manier om je angsten te bezweren. Het geeft de valse illusie van controle over de wandaden die jou zijn aangedaan. De enige manier om met schuldgevoel om te gaan is er met liefde en begrip naar te kijken. Accepteer dat je onschuldig, menselijk en kwetsbaar bent. Door jezelf en anderen te troosten en te vergeven kun je de weg vrijmaken naar een bewuster, zinvoller leven.

25 Herken je valkuil

'Ik ben bang dat er negatief over me gepraat wordt.'

'Ja? Wat gebeurt er dan als ze dat doen?'

'Dan zullen ze negatief over me gaan denken, dat wil ik niet.'

'Nee, dat begrijp ik (Fred). Maar als dat waar is, wat gebeurt er dan?'

'Dan ben ik niet goed genoeg.'

'Oké, en als dat waar is, ...wat dan?'

'Dan word ik in de steek gelaten, ...verlaten.'

Bam, in de roos. Verdriet stroomt. Woorden stromen mee: 'Hoe kom ik erbij om dit te denken en te voelen. Mijn dochter krijgt een nieuwe vriend en dit is wat ik ervan maak. Dat is toch niet normaal?'

Ik glimlach een beetje en herhaal haar laatste woorden vragend: 'Niet normaal?'

Ik leg uit dat emoties heel normaal zijn en helpen om te begrijpen wat er precies aan de hand is bij je vanbinnen. Je voelt verdriet over het feit dat je dochter zich ook aan iemand anders gaat hechten. In die zin zal er meer afstand komen. Dat voel je. Dat mag je voelen.

Ze lacht dankbaar: 'Oh ja, dat is het natuurlijk, ik moet mogen voelen, wil ik ontdekken wat er precies aan rampverhalen wordt toegevoegd door mijn negatieve kernopvatting. Het is steeds hetzelfde', zegt ze een beetje beschaamd. 'Telkens weer die angst verlaten te worden.'

Ja, dat klopt, het is ook steeds hetzelfde. Daarom is ook het goed je eigen negatieve kernopvatting of valkuil te leren herkennen. *Herkenning maakt je valkuil beter hanteerbaar.*

Je negatieve kernopvatting wordt getriggerd door je verdriet. Als je mag voelen, mag je het ook onderzoeken. En als je er eerlijk naar mag kijken, kun je ontdekken dat je huidige verdriet niet hetzelfde is als 'verlaten worden'.

Ik zie de rust terugkeren, de energieconsumerende pijn van verlating valt weg.

We sluiten de sessie af met wat er goed is gegaan, mooie acties van verbondenheid bevestigen de vooruitgang. *We herhalen het goede, het werkzame, zo leren we.* En zo blijven we in beweging.

26 Prikkelarme omgeving

In het dagelijks leven worden we overladen met allerlei prikkels. Thuis, op het werk of bij de studie, alle informatie van internet, de sociale media et cetera. Ons brein heeft ook rust en hersteltijd nodig om optimaal te kunnen functioneren.

Stel dat je er een goede gewoonte van zou maken om iedere dag voor minstens 10 minuten een prikkelarme omgeving op te zoeken? Gewoon even niets doen en bijvoorbeeld observeren wat er in en om je heen gebeurt.

Ook in je eigen hoofd zijn er voldoende prikkelarme zones. Veilige gebieden waar je meer rust en voldoening zult vinden. De wegen er naartoe zijn zo simpel dat het een raadsel blijft waarom zo weinig mensen in staat lijken er gebruik van te maken.

Begin met het *loslaten van oordelen*, weiger nog langer verstrikt te raken in al je ideeën, meningen, voorkeuren en antipathieën. Probeer de dingen te zien met een frisse blik, met *een heldere, onbevooroordeelde houding*. Waarom zou je niet mogen *vertrouwen* op je natuurlijke intuïtie en je eigen authentieke kracht?

Minder streven, eisen en verwachten levert je meer voldoening op. Zodat je - via *kalme acceptatie*- in het reine kunt komen met de dingen zoals ze zijn.

Loslaten en de gebeurtenissen en ervaringen in je leven de ruimte gunnen, heeft als paradoxaal effect dat je meer grip op jezelf krijgt en sneller de veilige, prikkelarme zones ervaart.

Kun je *geduldig proberen te begrijpen* dat iedere ontwikkeling tijd en inspanning vraagt? Veel onrust komt voort uit het feit dat het leven ons geen enkele garantie kan bieden. Alles kan betwijfeld worden of je onzeker maken. Maar in plaats van te vluchten in drukte en schijnzekerheden kun je er ook voor kiezen de grootste uitdaging aan te gaan die er mogelijk is: rustig proberen te blijven in een grote stroom van onvoorspelbare gebeurtenissen.

Er blijft altijd wat te leren en te verbeteren. Vaak zie je pas achteraf de les van je inspanningen en ontmoetingen. Zeg tegen jezelf: 'Ik weiger me nog langer druk te maken over trivialiteiten.' Bewust de rust opzoeken biedt je de ruimte om, vanuit een hoger perspectief, de vele kleinere stressmomenten te relativeren.

27 Spijt

De telefoon gaat:

'Met Fred Sterk.'

'Ja, hallo...spreek ik met Fred Sterk?'

'Jazeker', zeg ik, goedgehumeurd.

'Oh, eh ja… Je spreekt met Carla!', ze klinkt opgetogen, alsof ze een vriend belt die ze jaren niet heeft gesproken.

'Zeg het eens', ondertussen mijn geheugen scannend.

'Ken je me nog, ik zat bij je op de lagere school?'

Ik zoek in mijn geheugen naar de lagere school 'folder'. Het zijn er drie.

'Welke school was dat?'

'In Spoorwijk, de Alberdingk Thijmschool.'

'Oh ja?', Ik zoek naar een Carla. Ik heb een vriendinnetje genaamd Carla gehad. Maar die zat niet bij mij in de klas.

'Sorry, maar het zegt me even niets', antwoord ik voorzichtig.

'Ja, ik bel je omdat ik er nog mee zit.'

'Waarmee?'

'Dat ik je zo gepest heb.'

Zoekend in de folder 'pesten' kom ik geen Carla tegen.

Razendsnel zoek ik door de ervaringen met die school. Ik zie een vader van mijn vriendje een leerkracht neerslaan omdat hij zijn zoon ruw de klas uit had gezet. De momenten van worstelen met rekensommen komen langs. De spelletjes op het speelplein. Het spijbelen en op avontuur gaan. Maar gepest worden, nee geen idee.

'Nee, sorry, het zegt me niets.'

'Oh, ik wilde mijn excuses aanbieden', klinkt ze teleurgesteld.

'Blijkbaar heeft het op mij niet zoveel indruk gemaakt als op jou', antwoord ik. 'Het spijt me, maar het zegt me helemaal niets.'

Ik realiseer me na het gesprek dat veel andere zaken me bezig hielden tijdens die periode. Veel onrust en onveiligheid thuis.

Ik heb haar niet kunnen helpen haar pestverleden los te laten. Maar veel belangrijker is de les dat agressieve, oneerlijke daden juist ook een last zijn voor de dader.

Je acties komen bij je terug. En dan is het de vraag: was je eerlijk en liefdevol. Voegde je iets toe of nam je iets af. Zeer bepalend voor je innerlijke rust.

28 Verdriet

Emoties kunnen flink pijn doen. Het verdriet om het ouder en ziek worden van dierbaren is soms zwaar. Vooral als je weet dat je er weinig aan kunt doen. Je zult wat er op je afkomt moeten accepteren. De pure pijn en onmacht moeten verdragen. Het schuldgevoel over je machteloosheid en angsten kan je zelfvertrouwen stevig ondermijnen.

Neem de ruimte om te praten en je gevoelens te delen met de mensen waar je van houdt. Uit je waardering, bedank ze en bespreek wat je nog met ze wil delen. Dat kan veel rust geven aan beide kanten.

Emoties nemen vaak een omweg. In plaats van puur verdriet of angst voel je bijvoorbeeld een storende boosheid of schuldgevoel. Laat je er niet door van de wijs brengen. Ga zorgvuldig na wat je voelt en waarom je je zo voelt. Na het horen van een triest bericht is het logisch dat er verdriet komt. Een ander gevoel zoals schuldgevoel is in zo'n situatie niet nodig en verstoort je verdriet. *Bij verdriet heb je geen straf, maar troost nodig, plus de tijd om de pijn te verwerken.*

Het doorleven van de pijn zal je sterker maken. Ook al zou je er het liefst voor weglopen, probeer het onder ogen te zien. Je gewone dagelijkse structuur kan houvast bieden, ga door met het investeren in je leven. Vroeg of laat zul je daar weer de vruchten van plukken.

Mensen hebben een grote veerkracht. Blijf jezelf ook geestelijk uitdagen, dat vergroot je weerbaarheid. We zijn zo gewend te letten op wat er niet meer is in ons leven dat we vergeten te zien hoeveel goeds en moois er voor in de plaats is gekomen.

Verdriet blijft altijd een tussenstation. Wacht rustig en geduldig tot het weer voorbijgaat. Eenmaal doorleefd kan het tot iets beters leiden, zoals meer inzicht in jezelf, de wereld en het leven.

Laat je tranen je blik schoonwassen en ruimte scheppen voor nieuwe ervaringen. Ook al lijkt de toekomt soms onzeker en beangstigend, gun jezelf steeds opnieuw de kans je innerlijke leven te verdiepen en te verrijken.

29 Zelfzorg

Ben je in staat voldoende voor je zelf te zorgen? Als je jezelf doorlopend overslaat en je eigen behoeften negeert, gaat dat ten koste van je onafhankelijkheid. Jezelf vergeten kost energie en kracht, anderen mensen zullen daarop reageren door je minder serieus te nemen. Zichzelf opofferende slachtoffers stralen uit dat ze hun prioriteiten niet op orde hebben.

Als je volledig vanuit je eigen kracht mag leven heb je anderen meer te bieden.

Je emoties mogen er zijn en doorleefd worden, je stelt ze niet ter discussie maar herkent waar ze vandaan komen. Bij tegenslagen weet je dat emotionele pijn de tijd nodig heeft om te helen. Zonder zelfverwijt en zonder te vluchten.

Ieder moment bevat haar eigen geschenken, zelfs als alles tegen lijkt te zitten. Door te blijven zien wat je nodig hebt, zet je de eerste belangrijke stap naar een oplossing. Ieder begin van de dag heb je een gouden kans om jezelf het beste te wensen.

Gedachten hebben de neiging problemen op te zoeken, dus je zult ze actief bij moeten blijven sturen om te voorkomen dat ze je vastzetten in rampverhalen.

Vastzitten in zelfverwijt kun je verlichten door er allereerst over te praten of over te schrijven. Deel wat je dwarszit of waar je bang voor bent, vraag hulp. Vervolgens ga je rustig na of je de probleemsituatie ook anders kunt bekijken of lichter kunt maken met helpende informatie. Tenslotte probeer je jezelf zo bemoedigend en positief mogelijk toe te spreken. *Benadruk je potentiële kracht en mogelijkheden. Denk in kansen.*

Zelfzorg betekent ook jezelf beschermen tegen mensen die je emotioneel te zwaar belasten, chanteren of manipuleren. In plaats van schuldgevoel over je terechte zelfbescherming kun je beter proberen te begrijpen waarom je niet meer opgewassen bent tegen de mensen die je energie ondermijnen met hun klaagzangen.

Zodra je je eigen gevoelens beter begrijpt en kunt plaatsen komt er een gezonde ruimte vrij voor lieve, zorgzame medemensen.

30 Liefde doorgeven

Tranen vallen in haar schoot, waar haar handen zenuwachtig het papieren zakdoekje gladstrijken. Af en toe opkijkend, checkend of ik het snap.

Natuurlijk snap ik het. Een groot verdriet, geen kinderen kunnen krijgen. Zo vaak geprobeerd en evenzo vaak mislukt.

'We wilden zo graag een kindje, en nu weet ik het niet meer. Wat moet ik verder nog…'

Diep verdriet komt aan de oppervlakte en drukt haar plat, ze snakt naar adem. Ze zit vast.

Ik zoek een ingang, contact in een oceaan van verdriet en hypergevoeligheid.

'Alle hoop de grond ingeboord', zeg ik, zoekend.

'Ja, geen hoop meer', antwoordt ze, wegkijkend.

'Ik ken de pijn' zeg ik, terwijl ik haar ogen volg.

Ze kijkt me langer en vragend aan.

'Ik had heel graag eigen kinderen gewild, samen met Sjoerd. Dat is de liefde die een weg zoekt.'

Ze stelt de vraag: 'Hebben jullie adoptie overwogen?'

We komen in gesprek over hoe je de pijn kunt begrijpen en hanteren.

Dat je liefde wilt doorgeven en delen. Dat je niet alleen fysieke, maar ook mentale zaadjes kunt planten. Ik vertel haar hoe ik mijn behoefte heb vormgegeven via het schrijven, therapieën en anderen helpen. Hoe ik veel van mezelf heb doorgegeven en welke effecten dat heeft gehad.

Natuurlijk blijft de pijn diep en groot. Het zegt ook hoe belangrijk en betekenisvol je liefde is. Daar hoef je niet zomaar afscheid van te nemen. Maar je kunt je verlangen omvormen.

Haar pijn is niet zomaar verdwenen. Toch zie ik haar 'wakker' worden. Meer bewust van nieuwe opties. En ja, ze start binnen enkele weken een adoptieprocedure. Zij leert me opnieuw:

Er is altijd een weg of mogelijkheid om liefde door te geven.

31 Loslaten

Het leren hanteren van pijn is niet makkelijk. Je niet uit het veld laten slaan en juist te leren van alles wat er tegenzit blijft een uitdaging.

Psychische klachten doen ook pijn. Negatieve emoties en falen zijn op zich al pijnlijk, maar ze worden verdiept en verergerd door onze persoonlijke kernopvattingen of 'valkuilopvattingen' (aangeleerde wetten en regels).

Problematische kernopvattingen leiden tot een focus op het negatieve, overcontrole en angstige vermijding.

Bijvoorbeeld bij sociale angst. Daarbij is meestal de negatieve opvatting actief dat deze angst je 'minderwaardig' maakt. Vanuit deze angst doe je alles om alle zichtbare uitingen van angst te verbergen. Een heilloze weg, omdat angst zich niet laat verbergen. Sterker nog, angst groeit door vermijding en verbergen.

Bij andere angsten staat de opvatting centraal dat er een ramp gaat gebeuren als je het noodlot niet weet te bezweren met allerlei controlehandelingen of rituelen.

Op de korte termijn lijken de controlehandelingen te werken, ze geven een tijdelijke opluchting. Het uitblijven van de denkbeeldige 'ramp' na de controle bevestigt het 'nut' van de controle. Een magische redenatie. En een redenatie die je afhankelijk houdt van controle. Op de lange termijn versterken de controlehandelingen juist je negatieve kernopvattingen.

Je kunt leren van pijn door precies datgene los te laten wat je niet durft los te laten. Daarmee schep je ruimte voor nieuwe helpende informatie.

Bijvoorbeeld dat je met angst kunt leven. Of dat je waarde onaantastbaar is. Of dat zekerheden niet bestaan.

Angst is onvermijdelijk en hoort bij een leven vol onzekerheden. Iedereen worstelt met pijn. De pijn heeft me geleerd nederig te zijn en te accepteren wie ik ben en wat er op me afkomt. Ik heb mezelf leren vergeven door de pijn. Geleerd dat een straffende houding de pijn alleen maar erger maakt.

Het leven wordt dragelijker door -met mildheid en begrip- te leren loslaten. Wie de (levens)pijn durft te accepteren maakt de weg vrij voor flow, liefde, geluk en positieve emoties.

32 Onzekere tijden

Soms kan het leven loodzwaar zijn. Er komt van alles op je af en je vraagt je vertwijfeld af hoe lang je zo'n grote druk nog aankunt. We leven in een wereld waar niets meer zeker lijkt te zijn, dat kan je heel angstig maken voor de toekomst.

Toch is en blijft er altijd een veilig houvast: rust, heldere persoonlijke waarden en een geloof in het goede. Wie rotsvast achter zichzelf kan blijven staan, kan weinig gebeuren.

Onzekerheid over de toekomst blijft bestaan, omdat niemand weet wat de toekomst brengt. Maar in plaats van te investeren in je angsten en spanningen kun je je ook richten op alles wat je nu al hebt opgebouwd. De winsten en niet de zelfverzonnen toekomstige verliezen.

Iedereen heeft onzekere momenten en de angst dat het misgaat, soms kun je de rampen al voor je zien. Optimistische mensen lijken er in te slagen hun angst voor het onbekende om te zetten in *dankbaarheid* voor wat ze nu hebben.

Hoeveel drama's je ook verzint, de realiteit is meestal vriendelijker. Het leven en de natuur om je heen verdienen ook je aandacht.

Eigenlijk is er bij piekerproblemen sprake van een vreemde paradox: op de momenten dat je je druk maakt over van alles, kun je je het schijnbaar permitteren om zo in je hoofd bezig te blijven. Zodra er echt iets aan de hand is, heb je daar geen tijd meer voor en zul je concreet iets moeten doen om het probleem op te lossen. *Piekeren is een luxe die je je bij echte tegenslagen niet kunt veroorloven.*

Het leven kent ook veel verdriet, dat is onvermijdelijk. Begrijpen waar je mee zit verlicht vaak al de helft van de pijn. Daarnaast blijft het voeden van je onbewuste met mooie, positieve affirmaties en voldoende rust van essentieel belang. Het maakt je weerbaarder en geeft je voldoende zelfvertrouwen om ook bij tegenslagen stevig overeind te blijven.

33 Angst voor de goot

Faalangst neemt vele vormen aan, vaak zit het verborgen in onzekerheid, paniek, trots en perfectionistisch gedrag. Regelmatig als ik doorvraag naar de kern van iemands faalangst, kom ik ook de angst voor de 'goot' tegen. De angst alles kwijt en aan lager wal te raken.

Geloof niet alles wat je zelf denkt. Veel mensen realiseren zich niet dat er heel wat moet gebeuren voordat je ook werkelijk in 'de goot' belandt. Zo makkelijk is het in Nederland nu ook weer niet om in de 'goot' terecht te komen. Bovendien, wat voor de één een 'goot' betekent, kan voor de ander een comfortzone zijn geworden.

Ik heb mensen aan lager wal zien raken. De echte goot en de gevolgen ervan heb ik van dichtbij kunnen zien. Vooral mensen met drugsverslavingen, met als enig motto: hoe kom ik aan mijn volgende shot, kick, roes, geld of handel? Eerlijkheid was meestal ver te zoeken, alles draaide om manipulatiegedrag vanuit de opvatting dat niemand te vertrouwen is en iedereen elkaar gebruikt.

Gelukkig heb ik mensen ook weer uit de 'goot' zien komen met de wil om te overleven. Herstellend van wantrouwen en misbruik, ernstige verslaving en groot verlies. Een levensgroot en waardevol gevecht.

Als alle faalangstigen echt het risico liepen in de 'goot' te belanden, zou het daar erg druk zijn. De meeste mensen die ik spreek hebben uitsluitend last van een angst voor de 'goot'. *Angsten lijken soms levensecht, maar je kunt leren je angsten te beheersen en te verminderen.* Bijvoorbeeld met de basistechnieken uit de cognitieve gedragstherapie (leren ontspannen, het uitdagen van angstgedachten en experimenten met nieuw gedrag).

Daarnaast is het belangrijk te blijven kijken naar wat er wel goed gaat. Naar de feiten. De positieve beoordelingen in je werk of opleiding; de liefdevolle en vriendschappelijke relaties die je hebt weten op te bouwen. De mooie dingen die je hebt toegevoegd. De complimenten die je krijgt. De waardering die je oogst. Bovendien is het van belang dat je dagelijks werkt aan inspirerende doelen via het in beweging brengen van je kwaliteiten (flow).

Stap voor stap je pluspunten en uithoudingsvermogen ontwikkelen is een werkzaam middel tegen faalangst.

Ben je bereid eventuele fouten als signalen van groei te accepteren? Leer ze geleidelijk aan los te laten door te vertrouwen op je vaardigheden, je fouten te corrigeren en/of jezelf te vergeven. Als je vervolgens ook nog je uitgestelde taken bij de lurven weet te pakken, zul je steeds meer persoonlijke kracht en controle ervaren.

Midden in je -eigenhandig vormgegeven- leven gaan staan zal de angst voor de 'goot' doen verbleken. Ik geloof in je kracht ;-)

34 Valkuilen

Persoonlijke valkuilen ontstaan in onze kindertijd vanuit onze meest kwetsbare kanten. Je kunt angstig en/of vermijdend zijn en bijvoorbeeld overal bedreigingen zien. Zo leef je in een onveilige wereld vol gevaren. Valkuilen zitten meestal muurvast, ze kennen nauwelijks updates of vernieuwingen. Op veel gebieden gaat je brein mee met zijn tijd, maar een valkuil accepteert nauwelijks nieuwe informatie. *Oude pijn blijft zich herhalen.*

Als kinderen zijn we niet in staat te relativeren. Een humeurige opmerking wordt letterlijk genomen, al snel denken we dat er iets mis is met wie we zijn. Kinderen denken bijna standaard dat zij iets fout hebben gedaan als er in hun omgeving iets mis gaat, zoals bijvoorbeeld de scheiding van hun ouders. Zeker als volwassenen zelf veel problemen hebben en daardoor hun kinderen emotioneel verwaarlozen.

Vanuit onze valkuilen kan een hardnekkige faalangst ontstaan. Uitdagingen dreigen zo onoverkoombare obstakels te worden, simpelweg omdat we denken niet goed genoeg te zijn. Toch blijven valkuilen grote illusies die het zicht wegnemen op *onze natuurlijke goedheid en kracht*.

Er zijn vele manieren waarop je meer veiligheid in je leven kunt gaan ervaren. Breng bijvoorbeeld je innerlijke wereld in balans met redelijk denken, mindfulness technieken, positieve affirmaties en een gezonde leefstijl. Je persoonlijke kwaliteiten, liefde, vertrouwen en emotionele evenwicht kunnen zo weer volledig tot hun recht komen. Ruim op wat je blik vertroebelt, zodat je helder en zuiver leert te zien wie je echt bent en niet meer overstuur gemaakt hoeft te worden door oude 'verjaarde' valkuilen.

Vanuit een veilige modus kun je rustiger terugkijken en dankbaarheid voelen voor alles wat er eerder goed is gegaan. Hopelijk waren er ook mensen die je verder hebben geholpen en kun je daaruit hoop putten voor een betere toekomst. In een positievere stemming blijft je sterkste kant stevig aan het roer en ben je in staat met meer veerkracht te reageren zodra dat nodig is.

35 Onderscheidingsvermogen

Prettige ervaringen willen we het liefst zolang mogelijk vasthouden, vervelende gebeurtenissen vermijden, en we zoeken ook bijna dwangmatig naar zekerheden. Ons brein wil weten wat er goed of fout is en vooral waar het aan toe is. Op zich is er niets mis met deze behoeften, maar we kunnen er ook in vastlopen.

In plaats van je te laten leiden door je angsten, verlangens of vooroordelen is het beter om je onderscheidingsvermogen te verbeteren. Leer objectief, met enige afstand, te kijken naar wat je wilt. Slaap er een nachtje over, zorg dat je ontspannen en goed uitgerust bent. Hoe meer je in evenwicht bent, hoe beter je weloverwogen kunt kiezen. Los van oude patronen en zelfbeperkende belemmeringen. Wat zijn je langetermijndoelen en belangrijkste basiswaarden?

Vergroot je keuzemogelijkheden, laat je niet beperken. Waar zie je lichtpunten, waarvan weet je nu al dat het bewezen goed voor je zal zijn? Experimenteer met en probeer verschillende opties uit als je bepaalde keuzes moet maken. Maak een 'proefrit', hoe voelt het? Bekijk situaties vanuit verschillende, soms totaal tegenovergestelde gezichtspunten. Wat levert deze nieuwe informatie je op?

Wat zegt je gevoel? Een vervelend gevoel bevat informatie. Luister je naar je gevoel? Benader het gevoel vanuit een nieuw, fris perspectief. Gebruik je natuurlijke nieuwsgierigheid. Kun je het ook weer loslaten en als nuttige informatie verwerken in het totale beslissingsproces?

Bedenk wel dat gevoelens en negatieve gedachten vluchtig en voorbijgaand zijn. Ze lokken snelle, onbedachtzame (vlucht)reacties uit en kunnen zo veel lijden veroorzaken. We zijn geneigd volgens oude patronen te reageren. Bij het maken van keuzes is het van belang eerst zorgvuldig te observeren wat er door je heen gaat. *Met afstand rustig opmerken wat er voorbijkomt maakt betere keuzes mogelijk.*

Garanties op de beste beslissingen zijn er niet. Zorg voor alternatieve plannen bij tegenvallende resultaten. Laat je er niet door ontmoedigen. Indien nodig, kun je altijd je plannen bijstellen. Inventariseer objectief wat er goed was; wat je inmiddels al opgebouwd of bereikt hebt. *Waardering werkt steeds weer krachtig en genezend.*

36 Menselijkheid

Waarom is het goed vriendelijk te blijven en te zorgen voor elkaar? Liefde en meeleven met anderen maakt het leven een stuk dragelijker en aangenamer. Er zijn ontelbare redenen om je kwaad te maken of te oordelen, lees de krant er maar op na. Maar negatieve emoties maken je wereld kleiner, ze beperken je blikveld. Terwijl positieve emoties je mogelijkheden vergroten en je visie verbreden.

Steeds maar weer over alles en iedereen oordelen maakt dat we geneigd zijn anderen of onszelf naar beneden te halen. Onze opvattingen en emoties kunnen ons gevangen houden in het gevoel niet goed genoeg te zijn. We proberen ons op allerlei manieren tegen deze minderwaardigheids-pijn te verzetten; door er voor weg te rennen, verdoving te zoeken, op te geven, of anderen aan te vallen. Harde vooroordelen belemmeren het contact met anderen. Maar ook zij kennen dezelfde kwetsbaarheid en voelen hun eigen onvermogen.

Zodra je jezelf bewust wordt van je eigen onmacht en oordelen ben je beter in staat er enige afstand van te nemen. *Hoe je ook over jezelf denkt, al het goede zit gewoon in jezelf.* Het blijft altijd mogelijk jezelf te bevrijden van negatieve illusies en vastgeroeste oude patronen.

Leer te *herkennen* wat je jezelf aandoet door negatief te denken en de belangrijkste stap op weg naar innerlijke rust is gezet. Wijsheid, verlichting en liefde blijven voor ons allemaal bereikbaar.

Neem *kracht-bevorderende pauzes*. In het 'gekkenhuis van onze gedachten' is er dringende behoefte aan rust en veel pauzes. Veilig vanachter een observatie-raam kunnen we al onze gedachten, gevoelens, en gewaarwordingen, rustig observeren. Beschermd door het veiligheidsglas en de afstand tot alles wat we waarnemen kunnen we onze pijnlijke gevoelens verzachten en onszelf moed inspreken. Geef jezelf de toestemming te voelen wat je maar voelt. Het mag er zijn.

Negatieve gevoelens komen voort uit innerlijke pijn. Deze pijn kalmeer je door troost, liefde, zelfzorg en mededogen. Maak er ruimte voor en verwelkom met een milde blik wat er op je pad komt. Waarom zou je niet goed zijn, precies zoals je bent?

Je kunt uit de valkuil van minderwaardigheid stappen en je realiseren dat je met de energie van positieve aandacht kunt beschikken over een onuitputtelijke bron van kalmte, standvastigheid, welzijn, vrijheid en plezier. Wie goed voor zichzelf mag zijn, zorgt altijd beter voor anderen en wordt menselijker.

37 Emotionele pijn

Of het nu gaat om angsten, somberheid, persoonlijkheidsproblemen, verslaving of agressie, er is altijd sprake van pijn. Psychische pijn. Niet erkende pijn die vaak wordt gecompenseerd door vermijdend of zelfondermijnend gedrag.

Onbehandelde psychische klachten zijn zeer belemmerend en schadelijk, ze weerhouden mensen ervan om zich volledig te ontwikkelen, tot volle bloei te komen, gelukkig te zijn. Onbehandelde psychische klachten veroorzaken veel schade in de vorm van ziekteverzuim, geweld, medische consumptie en een toenemend aantal zelfdodingen. Verschrikkelijke gevolgen.

Genoeg reden om te concluderen dat psychische hulp van levensbelang is. We hoeven tegenwoordig niet meer te vechten voor het overleven van honger of kou. Wel blijft het nodig te vechten voor het overwinnen van onze, generaties lang opgebouwde, emotionele pijn. Ieder mens zou je -ongeacht welke kwetsbaarheid dan ook- de kans gunnen zich optimaal te ontwikkelen en daar voldoening uit te halen.

We vergeten, door onze focus op geld, wat het doel is van psychische hulp. Waar het goed voor is. Tevreden, goed functionerende mensen leveren een extra bijdrage aan onze samenleving. Juist in een wereld waarin we direct met elkaar verbonden zijn telt het welzijn van alle mensen.

We moeten af van de focus op geld en terug naar de focus op mensen. Het blijft noodzakelijk om ieders pijn en potentieel te erkennen, zonder iemands klachten af te doen als een teken van persoonlijke zwakte. Psychische klachten verdienen goede, professionele hulp en een serieuze aanpak. In plaats van centen tellen, moeten mensen weer tellen. Dat is de kern van beschaving.

Ieder gelukkig mens erbij betekent een grotere kans op liefde, creativiteit en vooruitgang voor ons allemaal. Als we dat potentieel benutten, als elk individu zijn of haar droom mag waarmaken, groeit er een samenleving waar we trots op kunnen zijn.

38 Volg je hart

Jezelf durven en mogen zijn, daar is veel moed voor nodig. Vooral als je uit een omgeving komt waarin er niet al te positief over je gedacht werd. Niets is zwaarder dan te moeten vechten tegen beelden die niet kloppen. Als je ondanks alles tegenwerking toch je eigen pad durft te gaan heb je veel emotionele veerkracht nodig.

Moed betekent dat je je nooit klein laat maken, ongeacht welke uitdaging, pijn of dreigingen je op je levenspad tegenkomt. *Niemand heeft de macht om te bepalen dat jij niet goed zou zijn. Daar ga je uitsluitend zelf over.*

Als mensen slecht over je willen denken dan doen ze dat toch wel, verspil geen energie aan het bestrijden van vooringenomen ideeën. *Je kunt jezelf wel beschermen door uit de buurt te blijven van mensen die niet het beste met je voor hebben.*

Het leven is te kostbaar om je te laten belemmeren door de normen, regels en eisen van een ander. *Hoe laat je jezelf definiëren als een zwart schaap of als een witte raaf?* Je verdient het om als je beste zelf gezien te worden.

Wat anderen ook tegen je zeggen, blijf zelf naar het grotere geheel kijken en laat je niet in een ruzie-soap trekken. Als je zelf respectvol en netjes blijft, geef je de ander geen nieuwe munitie en wordt het minder interessant om met jou verder te vechten. Jouw goede gedrag laat je als een visitekaartje achter en de ander zal zelf achterblijven met zijn/haar eigen giftige gedrag en/of woorden.

Verbitterde mensen die op ruzie uit zijn zoeken steeds nieuwe slachtoffers om hun eigen negatieve stemming te ventileren. Wat ze bij jou doen zullen ze ook bij anderen doen. Trap er niet in. *Je mag een uitnodiging voor een ruzie-party altijd beleefd afslaan.*

Jezelf blijven vraagt volharding, maar het maakt je ook extra integer en betrouwbaar. Je levert een eenduidige boodschap af en mensen weten waar ze aan toe zijn. Zolang je alles doet met eerlijke liefde voor anderen kan niets je van je levensbestemming afhouden. Volg je hart.

39 Creatief vertrouwen

Als er iets zeker is geweest in mijn leven, dan is het wel de onzekerheid.

Meestal wanneer er een wit scherm voor me open staat en de eerste woorden nog moeten komen, dan heb ik werkelijk geen idee waar het naartoe gaat. Ik weet uit eerdere ervaringen dat ik dichtbij mijn gevoel moet blijven, dan komt er iets. Maar wat? Een deel van mijn hersenen weet het al, maar ik ben me er nog niet bewust van.

Dit creatieve proces, dat altijd begint met een wit scherm en niet weten, is te vertrouwen. Er komt altijd iets. Niet dat ik het meteen de moeite waard vind, vaak het tegendeel. Vooral als iets net uit mijn vingers is gekomen, kan ik nog niet inschatten of het mooi of betekenisvol genoeg is. Ik moet het eerst loslaten en wanneer ik later terugkom, in een rustiger modus, kan ik het pas echt beoordelen.

Zo gaat het ook met spreken. Een therapiesessie kun je voorbereiden door te kijken naar de lijn van de eerdere gesprekken. De specifieke valkuil die getriggerd kan worden, de communicatiestijl, de traumatische gebeurtenissen die nu nog een rol spelen. De mogelijke technieken die je kunt gebruiken. Maar hoe het gesprek zich precies zal ontvouwen, geen idee. Hoe iemand binnenkomt, en wat er vervolgens nodig is, blijft altijd weer een verrassing.

Onvoorspelbaarheid gaat vaak gepaard met een gevoel van onzekerheid en spanning. Inmiddels past het doen van therapieën binnen mijn comfortzone, maar nog steeds is er een zekere spanning voelbaar, zo vlak voor ieder gesprek.

Bij het authentiek werken vanuit mezelf is onzekerheid een essentieel onderdeel. Ongewenste gevoelens horen erbij. Maar creatieve flow verdwijnt zodra het eindproduct betekenis- of succesvol moet zijn; als het gewaardeerd *moet* worden door veel mensen. *Met onredelijke eisen verlies ik mijn oorspronkelijke, persoonlijke perspectief.* Het is een bijna onmogelijke opgave om te schrijven of spreken vanuit de kritische, gefantaseerde normen van anderen. De spontaniteit stokt.

Echt spreken en schrijven vanuit jezelf vereist toestemming om fouten te maken en een houding die fouten minder belangrijk vindt dan in flow komen.

Uiteindelijk wil ik mooie dingen toevoegen, waar veel mensen iets aan hebben. Maar dat kan ik niet controleren. Het begint bij de acceptatie dat ik goed genoeg ben, ondanks de fouten. En het groeit door de onzekerheid te gebruiken als noodzakelijk startpunt. Ik weet het (nog) niet, maar het zal komen (vertrouwen).

Dat brengt me bij het *nu*. Het leven wordt pas echt fascinerend als alle onzekerheid/onvoorspelbaarheid er mag zijn.

40 Uitzoomen

'Ik geef het eerlijk toe, ik ben een geboren piekeraar. Zodra er in de media een negatief bericht over de economie of bezuinigingen komt, schiet ik volledig in de stress. In gedachten zie ik mijn inkomen al teruglopen en alles misgaan. Rond een uur of vier 's nachts word ik wakker en blijf ik malen over een ongewisse toekomst.'

Een herkenbaar probleem. Piekeren betekent meestal dat je verstrikt raakt in de ongrijpbare details van je angsten. Als je ergens te dicht op zit verlies je het overzicht. Vandaar dat het soms goed is 'uit te zoomen' en naar het grotere geheel te kijken. *Heb je tot nu toe kunnen overleven? Waarom zou dat in de toekomst anders zijn?* Wat zijn je kwaliteiten en hoe kunnen die je altijd weer verder helpen?

Vanaf een grotere afstand worden de grotere redelijke lijnen weer zichtbaar. Met meer afstand zul je waarschijnlijk kunnen zien dat je huidige situatie en omstandigheden beter zijn dan je piekergedachten je willen laten geloven. Haal duidelijk terug wat je tot nu toe goed hebt gedaan en hoe je daarmee allerlei teleurstellingen hebt voorkomen. *Je kunt de toekomst niet voorspellen, maar wel vertrouwen.*

Bij piekergedachten heb je iedere keer weer twee keuzemogelijkheden. Neem je ze klakkeloos als waar aan, en blijf je ze maar herhalen óf ben je

71

bereid ze onderzoeken op hun waarheidsgehalte en durf je ze weer los te laten?

Piekergedachten schreeuwen om aandacht. Je kunt ze bevechten, maar hoe harder je er tegen ingaat hoe meer ze je bang proberen te maken. Er is een betere manier: simpelweg minstens twintig minuten per dag mediteren. Met gesloten ogen een kalmerende mantra herhalen of luisteren naar positieve, bemoedigende teksten. *Mediteren helpt je gedachten te kalmeren en ze meer troostend, liefdevol en optimistisch te maken.*

Het kleinste, meest beperkende deel van jezelf probeert je er doorlopend van te overtuigen dat je niets voorstelt, nergens bijhoort en dat je altijd bang moet zijn. Gelukkig is dat een illusie, hoe geloofwaardig de onheilsboodschappen ook klinken. Maak je ook niet druk over wat anderen zouden kunnen denken. Je kunt hun gedachten niet lezen, wel loslaten.

In de werkelijkheid beschik je over een onmetelijke hoeveelheid kracht en liefde. *Alles en iedereen is met elkaar verbonden, daarom zijn tolerantie en openheid zo belangrijk.* Er is een logische verklaring voor oude pijn te vinden in je eigen levensverhaal, en het enige antwoord op ons menselijke onvermogen blijft een genezende vergeving.

In kleine stapjes kunnen we iedere dag leren een beetje meer mens te worden.

41 Emotioneel redeneren

Wat is er leuker dan wegdromen bij mooie huizensites en je voorstellen hoe je leven eruit zou zien in een andere woonomgeving? Of allerlei vacatures de revue laten passeren en alsnog toch die ene baan vinden die je voor altijd rijk en gelukkig zal maken? Het gewone dagelijkse leven kent helaas veel frustraties en ongenoegen. Dat maakt het verlangen weg te willen vluchten naar een betere werkelijkheid heel begrijpelijk.

Maar zonder van plaats of werk te veranderen kan het leven ook een stuk aangenamer worden. Stel bijvoorbeeld eens een lijst samen van je sterkste punten en van alles wat er goed is in je huidige omgeving. Wat geeft je energie? Wat zijn je kwaliteiten en waar ben je nu al tevreden mee?

Vaak willen we veranderen omdat we denken de kick of stimulans van iets nieuws nodig te hebben. Het lijkt een goede manier om onze angsten en emoties te ontlopen. Helaas reizen ze gewoon met ons mee en na een aanvankelijke opleving kom je meestal weer uit op het punt waar je voor weg wilde lopen. Soms is het beter emoties onder ogen te zien, om te leren ze te verdragen.

Probeer de kick van het vluchten eens uit te stellen. Standvastigheid en volhouden heeft ook grote voordelen. Wat zou er gebeuren als je de pijn en twijfels even 'uit zou zitten?' Als je de buitenwereld tijdelijk laat voor wat het is kun je de uitdaging van én de confrontatie met je binnenwereld aangaan. Met als hoogste doel; *meer liefde en innerlijke rust leren ervaren.*

Verlang je naar een bepaalde plek of betekent je onrust dat je terugverlangt of op zoek bent een naar een bepaalde kwaliteit in jezelf? *Wat zijn de beste manieren om het contact met je innerlijke kracht te herstellen?* In de buitenwereld naar steunpunten zoeken helpt maar voor korte tijd; op je eigen kompas leren varen biedt je de steun waar je, steeds weer, op kunt vertrouwen.

Stel kleine, haalbare doelen en vier het als je ze gehaald hebt. Zodat je autonomie en voldoening alleen maar steviger zullen worden.

Mag je je eigen soulmate zijn? Het zal je minder gevoelig maken voor angstig, emotioneel redeneren. Ga gewoon in je eigen leven staan! Vanaf je unieke --soms eenzame-- pad omhoog zal duidelijk worden waar je inspanningen goed voor zijn geweest.

42 Troost

Tijdens de kraamvisite gebeurt het. Liam, een peuter van 4 stoot zijn blote teentjes tegen de metalen salontafelpoot tijdens een uitgelaten renspurt. Zijn gezicht vertrekt van vrolijk naar een pijnlijk, boze grimas en roept huilend om zijn moeder. Troostend wrijft ze over de zijn voetje en Liam huilt in haar armen.

'Ja, dat doet pijn he, Liam. Dat heb ik ook een keer meegemaakt.' Met zijn betraande ogen kijkt hij me verbaasd aan. Hij lijkt te denken: 'oh, ja?'

Het is nog pijnlijker niet getroost en begrepen te worden.

Huilend loop ik terug naar ons plaatsje achter het huis. Het is zomer en de kinderen spelen buiten. Mijn zak met knikkers afgepakt door een grotere jongen. Er zaten hele mooie grote tussen. Ik voelde me bestolen, boos en verdrietig. Op het plaatsje achter ons huis, tref ik mijn stiefvader. Huilend roep ik dat mijn knikkers zijn gestolen.

'Als je niet teruggaat en die gozer een paar klappen geeft, krijg je ze van mij.'

Het woord 'lafaard' blijft hangen terwijl ik mijn verdriet inslik en afdruip.

De kraamvisite is een feestje. Zo'n mooi kindje geboren. Zulke lieve en warme ouders, grootouders en familie.

Het nieuwe leven is welkom en zal gedijen in deze warme, liefdevolle en troostende omgeving.

De gloednieuwe vader wil een foto maken van de visite. Een mooie herinnering aan deze wondervolle dag.

Liam is ondertussen weer aan het spelen en wordt geroepen voor de foto. Oké, iedereen klaar! 'Nee, nog niet zegt Liam.' Hij klimt op m'n schoot en zet mijn leesbril op. Lachend kijkt hij mij en de familie aan. Terwijl we wachten op de zelfontspanner pak ik zijn handje en voel ik zijn grip terug.

Troost en dankbaarheid stromen door me heen, wat een wijsheid in zo'n jong leven.

43 Pijnlijke onrechtvaardigheid

Ik ben een gevoelig mens, degenen die me op twitter volgen vertel ik niets nieuws. Sinds ik twitter, merk ik dat ik harder moet werken om optimistisch te blijven. De berichten die mij triggeren hebben te maken met onrechtvaardigheid.

-Een moeder die wanhopig twittert over haar zoon die door jeugdzorg is afgenomen;

-Een homo die de onrechtvaardige discriminatie in de Russische politiek aan de orde stelt;

-Een uit de hand gelopen onrechtvaardige vechtscheiding;

-Een uitkeringsgerechtigde die de bezuinigingen van de regering vervloekt.

Ik ben er gevoelig voor.

In mijn jeugd zijn er onrechtvaardige dingen gebeurd. Ik ben mishandeld door een stiefvader, in de steek gelaten door mijn biologische vader. Mijn moeder was emotioneel instabiel en veroorzaakte veel druk en verdriet door haar slachtofferschap. We waren zeer arm.

Mijn zelfbeeld, mensbeeld en wereldbeeld zijn door die pijn beïnvloed. De onrechtvaardigheid werd 'recht gepraat' door mijn eigen psyche. Mensen behandelden mij onrechtvaardig omdat ik dat had verdiend. Er scheelde iets aan mij. Ja, dat was mijn loyale antwoord: er was iets mis aan mij.

Ik had de pijn opgevangen en ingesloten, geïnternaliseerd.

Maar met die ingesloten pijn leerde ik niet te vertrouwen op mezelf en de wereld. Ik was bang ontmaskerd te worden en dat de wereld alsnog zou besluiten dat ik niet voldeed. Tegelijkertijd was ik kwaad op een omgeving die me zoveel pijn had gedaan.

Ik heb getracht harder te worden en de wereld deze onrechtvaardigheid te verwijten. Maar dat is geen rustig leven. Dan moest ik alle gedachten over onrechtvaardigheid blijven voeden en geloven.

Ook probeerde ik heel lief te zijn en iedereen alles te geven om te voorkomen dat ik werd afgewezen. Maar dat leidde tot uitputting en depressiviteit.

In therapie kon ik een andere verklaring vinden voor de pijn: *'menselijk onvermogen' automatisch aan mij doorgegeven, onafhankelijk van wie ik ben*. In het begin was het moeilijk te geloven en durfde ik mezelf amper te laten zien. Na jaren van oefenen met een eerlijker zelfbeeld ben ik grotendeels verlost van deze negatieve spiraal van onvermogen.

De pijn insluiten of buitensluiten is problematisch, daarmee blijft het onrecht bestaan.

Naarmate ik de pijn verwerkte, veranderde mijn zelf- en wereldbeeld. Er kwam meer ruimte voor zelfvertrouwen en vertrouwen in mensen en dus voor persoonlijke ontwikkeling en flow.

En later, veel later kwam er ruimte voor vergeving alhoewel ik de pijn nooit meer vergeet.

44 Zwart-witte werkelijkheid

Elena een 55-jarige cliënte beschrijft wat het voor een kind betekent om op te groeien bij een getraumatiseerde moeder met een borderline persoonlijkheidsstoornis:

"Mijn zwart-witte werkelijkheid; aan de *donkere kant* een woedende, schreeuwende, scheldende, slaande moeder tegen een baby, peuter, en een opgroeiend kind. Later aangevuld met eindeloze boodschappen over mijn vermeende slechtheid.

Ongrijpbare beelden vol pijn, trauma's en mishandelingen. Onzichtbaar voor de buitenwereld en voor het grootste geheime deel ook buiten het gezichtsveld van de overige gezinsleden, inclusief mijn vader. Kindermishandeling doe je nooit in het openbaar.

Aan de *lichte kant* de onschuld, de hoop, het mooie plaatje van de jaren zestig. Een model gezin met alles aan de buitenkant wat het leven tot een modern welvaarts-sprookje zou moeten maken.

De goede bedoelingen en intenties van mijn moeder die oprecht het beste voor haar gezin wilde. Vertrouwen op het geloof. Gezond eten, leuke uitstapjes, familiebezoeken, kinderboeken en televisie, de Efteling, Sound of music, dierentuin, kamperen, Schiphol en de vele autoritten in een glanzend nieuwe auto.

Een dubbele werkelijkheid blijft niet zonder gevolgen. Een totaal verstoord basisvertrouwen. Het laat een diep spoor van angsten en depressies na. De angsten zijn nooit meer verdwenen, maar wel hanteerbaar geworden, de depressies zijn voor het overgrootste deel uiteindelijk wel weggegaan.

Er groeide na jaren therapie meer begrip voor het onverklaarbare gedrag van mijn moeder, ook zij was getekend door de (oorlog)trauma's uit haar eigen jeugd.
De zwart-witte, zichtbare-onzichtbare jeugd-ervaringen hebben ook hun sporen nagelaten in het contact met mijn familie. Ik kan niet verwachten dat ze begrijpen wat ze nooit volledig gezien hebben.

Ze blijven oordelen, straffen en afkeuren alsof er vroeger nooit iets gebeurd is. Ik heb geleerd niet meer te reageren op negatieve ongegronde vooroordelen. Ze zeggen niets over mij. Het blijft noodzakelijk mezelf te beschermen tegen onrecht, en vooral vriendelijk en vergevingsgezind afstand te houden.

Onmacht heeft plaatsgemaakt voor een zoektocht naar positiviteit en optimisme. Omdat de donkere kanten van mijn jeugd zo'n pijn deden, ben ik op zoek gegaan naar het licht, op zoek naar de liefde. Vanuit de wetenschap dat die er moesten zijn, mijn eigen moeder had tenslotte ook die lichte, goede kanten. Ze moesten ook in mij zitten, ik kon ze verder ontwikkelen. Ik heb geleerd de zilveren lijnen tussen de donkerste wolken te volgen. Een uit nood geboren eigenschap die me al veel goeds heeft gebracht.

Uiteindelijk kom je uit bij een veilige, geruststellende waarheid; als je maar lang genoeg de zilveren lijnen blijft volgen, zul je ontdekken dat liefde, vertrouwen en goedheid wel bestaan."

45 Brief aan mijn jongere zelf

Lieve Fred,

Ik weet het, je zit nu diep in de put. Net veertien jaar oud ben je. Alles gedaan om in beweging te blijven, alles gedaan om te zorgen en te overleven. Maar nu zit je vast. Alleen. Zonder je moeder en broertjes, zonder liefde. Zonder bewegingsvrijheid, letterlijk.

Ik weet het, je hebt dingen gedaan die niet door de beugel kunnen. En je zult ook gestraft worden. Gestraft met een uithuisplaatsing. Je moeder zul je een tijd moeten missen.

Maar er is iets wat je nog niet weet, wat je zelfs nooit had kunnen bedenken. Ondanks de schuld, schaamte, de heimwee en het verdriet om het alleen zijn, gaat er iets bijzonders gebeuren.

Dit is niet het einde, dit is het begin.

Wat er duidelijk gaat worden is heel opmerkelijk, namelijk dat jij een geweldige toekomst voor de boeg hebt. Ongelooflijk, maar waar. Er zullen mensen in je leven komen die ontdekken wie je bent. Ze zullen van je houden, ja Fred. En het zijn betrouwbare, eerlijke mensen.

Je zult ontdekken dat ook jouw eerlijkheid en liefde je verder zullen brengen, naar een warme begripvolle wereld. Een wereld vol overvloed. En het mooie is dat het, ondanks alles, allemaal al aanwezig is in jou.

Je hoeft je niet te schamen, je hebt je best gedaan, maar je hebt ook de verkeerde keuzes gemaakt. Het zal allemaal duidelijk worden, maar ondertussen wil ik dat je weet dat ik veel van je hou.

De angst en onveiligheid die nu zo groot en bijna onverdraaglijk zijn, zul je overleven. Sterker nog, je zult er veel van leren.

De belangrijkste les is dat je mag zijn wie je bent. Dat klinkt onwaarschijnlijk, maar het is waar. Juist door je eerlijke zelf te zijn, zullen er wonderen gebeuren. Je hebt het nog niet in de gaten, maar dat is precies wat je zult gaan doen; *jezelf worden.*

Dat is ook de reden waarom ik zo trots op je ben. Ondanks de normen en regels van je oude omgeving, ga jij andere keuzes maken. Keuzes die achteraf gezien vanzelfsprekend lijken, maar die ongelooflijk moedig blijken te zijn. Vooral omdat je daardoor de steun van je familie zult kwijtraken. Toch, geloof me, blijft het noodzakelijk je eigen pad te kiezen.

Ik weet dat je nog jaren zult worstelen met angst, onveiligheid, schaamte en verdriet. Maar dat gevecht is zo waardevol, omdat je daarmee een wijsheid verwerft die helend en behulpzaam zal zijn voor de rest van je leven. Met deze vechtlust heb je mijn bestaan zeker gesteld. Ik ben trots en dankbaar voor je eerlijke liefde.

46 Spijt?

Ons brein heeft een oud bekend trucje om onvrede te voeden. Het bestookt ons met gedachten over wat we allemaal anders hadden moeten doen. Het liefst dingen die we nu niet meer kunnen veranderen. Vervolgens blijft in ons hoofd rondmalen hoe ons leven eruit had kunnen zien als we maar andere keuzes hadden gemaakt.

Maar wie zegt dat deze ondermijnende hersenspinsels gelijk hebben? Het ligt meer voor de hand dat we al onze ongewenste gevoelens proberen te vermijden door ons bezig te houden met hoe mooi ons leven zou zijn geweest als…..

Stel dat je al je aandacht zou richten op de dingen die je nu gelukkig maken? Op welke gebieden was je vroeger ontevreden en nu niet meer? Niets kan je huidige goede omstandigheden overtreffen. *De glans van het heden straalt het mooiste.*

Geluk voedt zich aan acceptatie. Dat betekent dat je, zonder verzet, zonder onderdrukking of vermijding alle gevoelens in je leven aankunt. Met welk gevoel je ook geconfronteerd wordt, kijk er rustig naar. Omarm, erken en help het gevoel zoals je dat ook met een klein kind in nood zou doen. Hardheid, vechten of ontkennen werken averechts, niemand is ooit beter geworden van meedogenloze zelfbestraffing.

Dromen over hoe het had kunnen zijn is verspilde energie en zonde van je tijd. Je hebt nu de mogelijkheid om innerlijke rust te ervaren en rustig te ademen, waarom zou je die mooie kans voorbij laten gaan? Voor ieder nieuwe dag geldt altijd het volgende: 'Vandaag kan er iets prachtigs gebeuren.'

Gebruik maken van je talenten is het beste medicijn tegen onvrede. Zodra je iets begint te maken of te doen wat je aandacht opeist, zul je merken dat onvrede plaats maakt voor voldoening. Het maakt niet uit wat je doet, zolang je er maar plezier aan beleeft. Creativiteit brengt geluk en dooft de neiging om te vluchten en de weg kwijt te raken.

Laat je niet van slag brengen door keuzes uit het verleden. Focus op de winst van eerder genomen beslissingen, ze hebben je meer gebracht dan je denkt. *Tel je zegeningen.*

47 Triggers

In moeilijke levensfasen, bijvoorbeeld in een periode van rouw, zijn er momenten dat mijn stemming daalt als een adelaar in duikvlucht. Dan voel ik me alleen in mijn verdriet en pijn. De wereld lijkt onrechtvaardig en hopeloos verloren. Mensen komen onecht en manipulatief over, uitsluitend gericht op hun eigen belang. Liefde en eerlijkheid lijken schaars.

Vooral het gedrag van anderen kan negatieve gevoelens uitlokken. Op straat, in de winkel, op sociale media en in het nieuws en in de politiek. Triggers die -latent aanwezige- negatieve betekenissen activeren en mijn emoties gaan bepalen.

Zoals de vrouw van de oliebollenkraam, die mijn lach onecht na-aapte, omdat ze, op dat moment, duidelijk niet gediend was van vriendelijkheid. Ik kreeg de neiging de oliebollen terug te geven, met de mededeling dat ik ze niet meer lustte. Dat deed ik niet, omdat het niemand verder zou helpen.

Maar voordat het beeld van haar kille, chagrijnige gezicht uitdoofde en ik weer bij mezelf kwam, moest er intern hard gevochten worden met gevoelens van woede, minderwaardigheid en onrechtvaardigheid.

Of zoals de verhuizers van de bovenburen, die toestemming kregen via mijn tuin te verhuizen. Ik verzorgde ze met koffie en toonde belangstelling. Totdat één van de verhuizers mij bezig zag en tegen zijn collega riep: 'een poot!'. Teleurgesteld haakte ik af, ze konden fluiten naar hun koffie of gezelligheid.

Teleurstellende ervaringen leren je nog beter voor jezelf te zorgen en jezelf extra te beschermen. Het blijft belangrijk te kiezen voor mensen die wel respect en vriendelijkheid tonen. En om de mensen die daar niet toe in staat zijn, beleefd los te laten. Of, indien nodig, duidelijk te begrenzen.

Het lijkt misschien heel gewoon in deze wereld: afwijzen, belachelijk maken, de kwetsbare kanten van anderen benadrukken. Meestal komt het allemaal voort uit angst. De angst zelf onderwerp van spot of afwijzing te worden. De angst om buiten de groep te vallen. De angst zelf geen succes van het leven te kunnen maken. Het uitlachen is de kortzichtige angst van meelopende pesters.

Mensen hebben de neiging elkaar in een beperkend wereldbeeld gevangen te houden. Samen ontevreden lijkt prettiger dan er alleen voor te staan. Het is een wereld van schaarste en oneerlijkheid. Van 'klein' denken en elkaar 'klein' houden.

Mijn triggers zijn zeldzamer geworden. Ze blijven me herinneren aan een wereld waar je niet mag zijn wie je bent. Waar angst, schuld en schaamte de boventoon voeren. Een wereld die ik, zoveel als mogelijk is, achter me heb gelaten.

48 Vurige wensen

Soms wil je iets zo graag dat het verlangen ernaar bijna pijn doet. Een zeurend diep knagend gevoel dat de realiteit anders moet zijn. Vaak hebben nieuwe ontwikkelingen tijd en vele tussenstappen nodig voor dat ze werkelijkheid kunnen worden. Zeker als het om grote veranderingen gaat. Vandaar dat het nodig is meer geduld te hebben.

Voordat positieve wensen uit kunnen komen, moet er aan alle voorwaarden voldaan zijn. Het heeft geen zin jezelf van alles te verwijten zolang het uitvoeren van je plannen nog niet volledig is gelukt. Blijf vriendelijk en vergevingsgezind naar jezelf. Het is nooit jouw schuld dat er onvoorziene obstakels op je pad kwamen. Erken de realiteit.

Meestal wordt een te sterk verlangen naar iets gevoed door oude pijn. Verdriet van vroeger blijft een leven lang een uitweg zoeken. We willen ons opgespaarde ongenoegen maar al te graag ontvluchten. Wat is dan handiger dan te proberen je huidige omstandigheden te wijzigen? Je hoopt daarmee in één klap al je problemen en pijn op te lossen.

Wellicht dat je nog niet krijgt waar je nu naar verlangt omdat de toekomst iets beters voor je klaar heeft staan? Verlies jezelf niet in zinloze fantasieën, maar probeer actief je huidige situatie mooier te maken. Iedere poging om het leven van anderen of jezelf beter te maken heeft zin. Ook al is niet direct zichtbaar wat je doet, de effecten zullen volgen.

Zolang je aandacht gegijzeld blijft door onvervulde verlangens kun je vanbinnen niet rustig worden. Verlangens, maar ook angsten, proberen voortdurend al je aandacht op te eisen. Ze willen het liefst de bovenste plaatsen van je aandachts top-tien blijven bezetten. Verlangen blijft menselijk en we hebben er allemaal soms teveel last van.

De enige uitweg uit een te pijnlijk verlangen is *de beschermende troost te zoeken van je eigen kracht, hier en nu.* Nergens anders of buiten jezelf. Diep verborgen achter alle innerlijke onrust en stormen is er een veilige schuilplaats. Stil, rustig en met een oneindige schat aan de best mogelijke vervulde verlangens.

49 Fundamenteel defect of sociale angst?

Hij begint zijn verhaal: 'Ik besloot toch te gaan naar die bijeenkomst van mijn beroepsvereniging. Ik had mijn nieuwste pak aangetrokken, mijn haren in de gel en wandelde met een air van 'hier ben ik' naar binnen. Dat kan ik goed: de houding van een ijskonijn aannemen, een soort van onaantastbaarheid. Want ik wil vooral niet dat mensen denken dat ik wanhopig alleen en zielig ben.'

'Ik wandelde naar de bar en bestelde iets te drinken. Ik probeerde aansluiting te vinden door bij een groepje te gaan staan. Maar iedereen kende elkaar al, en ik stond er een beetje bij, knikkend en lachend. Ik voelde me ongelukkig en gespannen.'

'Uiteindelijk ben ik weer naar mijn stoel gegaan en zat ik daar maar, alleen te zijn. De spanning begon op te lopen. Ik raakte in een negatieve stemming. Een stemming die ik goed ken. Ik zat helemaal vast, dichtgeslagen.' Ik dacht: 'er is echt iets mis met je. Het zal je nooit lukken contact met anderen te maken en relaties op te bouwen.'

'Ik vind het zo gek, in mijn werk ben ik juist de baas. Problemen zijn er om op te lossen, en dat lukt me in mijn werk uitstekend. Maar als ik dan weer zo in mezelf vastzit, kan ik geen kant meer op. Dan lijkt mijn grootste nachtmerrie uit te komen.'

Ik antwoordde hem: 'De belangrijke vraag blijft: is er echt iets fundamenteel mis met je waardoor je nooit contact zult kunnen maken. Of is het meer de angst dat er iets mis is met jou? Met een aangeboren onvermogen tot het maken van contact kun je uitsluitend leren daar zo goed mogelijk mee om te gaan. De tweede 'angstvisie' op jouw probleem biedt andere oplossingsmogelijkheden. Als het zou gaan om angst, dan zou je kunnen leren hoe je deze sociale angst kunt hanteren.

Maar dan moet je wel eerst inzien dat je last hebt van (sociale) angst. Een angst die je probeert wijs te maken dat je niet goed genoeg bent. Probeer te accepteren dat je last hebt van deze angst. En zodra je angst er mag zijn, kun je gaan nadenken over eventuele oplossingen.'

'Wat zijn oplossingen voor angst? Eerst toestaan en durven voelen dat je last hebt van deze angst. Vervolgens kijken naar de feiten en je niet laten misleiden door je eigen angstgedachten. Hoe gevaarlijk is het echt? Welk stapje kun je nu nemen?'

Juist omdat je last hebt van sociale angst, vind ik het moedig dat je toch naar deze bijeenkomst bent gegaan. Je hebt je angst durven voelen, de moeilijke situatie niet vermeden. Dat geeft ons de mogelijkheid om deze angst aan te pakken.'

Hij pakt het op. Hij begrijpt het verschil. En dan ontstaat er ruimte. Ruimte voor verandering. En ruimte voor andere feitelijke helpende informatie.

Zoals een vrouw die op dezelfde bijeenkomst lachend op hem afliep en vroeg of hij alleen was. Ze raakten in gesprek. Terugdenkend aan deze situatie, voelt hij opnieuw de bewondering voor deze collega die in haar eentje contact durfde te maken.

'En je vond haar dus niet zielig en wanhopig?'

'Nee, integendeel' zegt hij met een verbazing die nog meer ruimte schept.'

Ik weet nu zeker dat hij risico's blijft nemen om zijn sociale angst uit te dagen, gelukkig.

50 Ontspannen omschakelen

Het menselijk brein kan zich in allerlei onderwerpen vastbijten. Obsessief houdt het je gevangen in één van je meest actuele piekeronderwerpen. Er zijn vele gezonde manieren om aan dit fenomeen te ontsnappen. Bijvoorbeeld: je eigen gedachten uitdagen, jezelf kalmeren of afleiden, praten met iemand of gewoon plezierige dingen gaan doen.

Vaste gewoontes doorbreek je door ze bewust te bekijken. Wellicht dat je vanuit de automatische piloot maar door blijft piekeren, maar er zijn betere alternatieven. Bijvoorbeeld, zodra er een storende gedachte opkomt zou je ook, met een eenvoudige meditatietechniek, de gedachte op een andere manier kunnen benaderen. Niet er op ingaan, je er niet tegen verzetten, maar vanbinnen de wens uitspreken: 'mag ik vrij zijn van zorgen'. Een prettige simpele mantra die het piekerpatroon kan onderbreken.

Vechten tegen de realiteit is dodelijk vermoeiend. Als je geen invloed hebt op bepaalde zaken, probeer ze dan los te laten. Geef je strijd tegen de realiteit op. Tegen voldongen feiten vechten heeft geen zin. Zodra je in staat bent de werkelijkheid te accepteren, krijg je meer innerlijke rust. Bewust gekozen kalmte is volgens ons het hoogst haalbare doel in dit leven.

Vaak worden mensen onzeker van hun eigen twijfels. Ze voelen zich zwak omdat ze niet de juiste beslissingen weten te nemen. Toch kun je ook anders tegen je keuzestress aankijken. Accepteer dat je veel tijd nodig hebt om een keuze te maken. Je weet nog niet wat je precies wilt. Daar is niets mis mee. Het nog niet weten kan een teken van kracht zijn. Je hoeft geen slachtoffer van je twijfels te worden, gun ze de ruimte die ze nodig hebben, ongeacht hoe lang het duurt.

Met heldere, waardevolle doelen voor ogen, blijven we altijd in staat te groeien en onszelf te ontwikkelen. Vol toewijding doorzetten bij tegenslagen laat je zorgen, geleidelijk aan, weer verdwijnen. Zolang je mag leren, groeien en in kleine stappen jezelf durft uit te dagen, blijf je altijd net iets sterker dan alle onnodige piekergedachten.

51 Lezersvraag over het rijexamen

'Ik wil eindelijk mijn rijbewijs halen'

Beste Fred,

Steeds weer gebeurt er iets waardoor ik mijn rijbewijs niet kan halen.

Deze keer kom ik er pas op de dag zelf achter dat ik geen afspraak gemaakt heb met de rijschool om een herkeuring te laten plaatsvinden, waardoor de herkeuring door het CBR niet kon plaatsvinden. Ik ben een vrouw van 54 jaar met reuma.

Door de jaren heen heb ik lessen gehad en ben ik een paar keer afgereden. Soms kreeg ik complimenten over hoe goed ik reed, en daar houd ik me aan vast. Soms werd juist het tegenovergestelde gezegd; dat het nooit iets zou worden.

Zonder zelfoverschatting denk ik dat ik best gewoon kan rijden. En voor mij is een rijbewijs een gevoel van vrijheid: om bijvoorbeeld 's avonds of met slecht weer ergens naartoe te kunnen gaan in plaats van thuis te moeten blijven of altijd mee te moeten rijden.

Wat moet ik doen om dit nou eens een keer te kunnen afmaken? Ik probeer oorzaken te vinden voor het gebrek aan eigenwaarde, al wil ik niet mijn ouders de schuld gaan geven. Van huis uit ben ik niet in autorijden gestimuleerd, eerder het tegendeel, terwijl de andere kinderen allang een rijbewijs hebben.

Groet,

Eva

Beste Eva,

Je wilt graag een rijbewijs maar het lijkt wel alsof het niet mag lukken. Bovendien zoek je naar oorzaken zonder iemand de schuld te geven. Ik ben het met je eens dat de schuldvraag niet zoveel oplevert, omdat dat afleidt van de vraag hoe je je rijbewijs kunt halen.

Blijkbaar 'vergeet' je ook belangrijke voorwaarden te vervullen, zodat je niet toekomt aan het examen. De vraag die bij me opkomt is: vergeet je het echt of vermijd je belangrijke stappen te zetten? Het antwoord is bepalend voor het vervolg. Als je iets echt vergeet dan is het doel waarschijnlijk minder belangrijk dan op het eerste gezicht lijkt. Is het rijbewijs halen echt belangrijk voor je?

Er zitten ook minder leuke kanten aan het hebben van een rijbewijs en auto. Misschien dat het halen van een rijbewijs staat voor het 'gelijk krijgen' ten opzichte van je familie. Dat is geen inspirerend doel. Dan adviseer ik je je doel los te laten en je energie in andere, leukere activiteiten te stoppen.

Als het 'vergeten' eigenlijk vermijding is, dan gaat het om het leren hanteren van de druk en spanning. Het leren van een nieuwe vaardigheid is per definitie spannend en frustrerend, hoe houd je vol totdat het doel is bereikt?

Op de eerste plaats is het belangrijk het positieve doel voor ogen te blijven houden: je vrijheid en onafhankelijkheid. Visualiseer het positieve doel regelmatig (dagelijks). Gebruik daarbij affirmaties (positieve doel-bevestigende uitspraken). Zoals: 'ik zal mijn rijbewijs behalen.'

Vervolgens is het geloof in je leervermogen belangrijk. Je niet uit het veld laten slaan door fouten of tegenslagen. Met een leerhouding (een foutenmarge toestaan) geef je minder snel op. Je bent in staat vaardigheden te leren, als je mag oefenen.

Als je het examen ook mag zien als een oefening, die je mag herhalen, gaat de examendruk naar beneden. Door een vriend(in) te vragen je te helpen herinneren aan je doel en de onvermijdelijke 'deadlines', voorkom je dat je die 'vergeet'. Je bent in staat je rijbewijs te verwerven, maar het kost wel inspanning en een bewuste positieve houding ten opzichte van je leervermogen.

Veel succes!

52 Lezersvraag over bloosangst

'Bloosangst beheerst mijn gedachten'

Beste Fred,

Ik denk er de hele dag aan dat ik rood word. Het rare is: dat is niet het geval, maar deze gedachten maken het mij niet makkelijk. Hoe kan ik hier vanaf komen?

Steeds ben ik met mezelf bezig - erg vermoeiend. Ik heb hier al een therapie voor gehad. Daar werd mij verteld dat ik helemaal niet onzeker ben maar het mezelf erg moeilijk maak. Ik heb wel moeite om in grote groepen te praten omdat dan alle aandacht op mij is gericht. Verder vinden mijn vrienden me juist assertief. Ik snap er niets meer van.

Kunt u mij helpen? Ik vind het ook erg vermoeiend om anderen in de ogen te kijken en dan nog te luisteren. Dit gevoel maakt vind ik erg ongemakkelijk, en ik word gek van deze gedachten....

Groet,

Ava

Beste Ava,

Soms kunnen we een bepaalde gedachte maar niet uit ons hoofd krijgen. En juist wanneer we een vervelende gedachte echt niet meer willen, kunnen we erin verstrikt raken. Ons hoofd is geen computer die we onder directe controle hebben. We hebben geen 'delete' knop, helaas.

Wat kun je doen?

1 Accepteer de gedachte

In plaats van te vechten tegen de gedachte kun je ook zeggen: 'deze gedachte mag er zijn, het is maar een gedachte.' Gebruik ontspanning als reactie op de gedachte, ontspan je lichaam en maak je ademhaling rustig en regelmatig. Oefen dit dagelijks.

2 Oefen met sociaal contact

'Rood worden' is een trigger voor sociale angst/onzekerheid. Hetzelfde geldt voor oogcontact. Het vermijden van deze triggers verhoogt de angst/onzekerheid. In ons boek 'Denk je sterk' besteden we ruimschoots aandacht aan sociale angst en wat je eraan kunt doen. Ook door groepsgewijze ontspanningsoefeningen of een mindfulnesstraining kun je oefenen met sociaal contact en met het loslaten van je onzekerheid. Dit is iets om eventueel te bespreken met je huisarts.

3 Kom in beweging

Je bent blijkbaar toch onzekerder dan je denkt, en onzekerder dan je omgeving denkt. Kom je voldoende uit de verf? Daarmee bedoel ik: praat je voldoende over je emoties, je verlangens en je grenzen? Zet je stappen richting belangrijke ontwikkeldoelen? Ben je tevreden met je relaties? Allemaal onderwerpen die te maken hebben met persoonlijke ontwikkeling en in beweging zijn in je leven. Praat hierover met een goede vriend(in) en word je bewust van je ontwikkelwensen.

Veel succes

53 Lente

Nee, het is nog geen lente, maar het voelt alsof de lente al is begonnen. Er komt meer licht, de vogels worden drukker en de zon warmer.

Ik ben de 50 gepasseerd, niet zonder slag of stoot. Mijn zicht is in een paar jaar iets achteruit gegaan. Ben nu een leesbril rijker. Mijn haren zijn nu echt grijs en de rimpels trekken niet meer weg na een flinke wasbeurt. Mijn moeder heb ik begraven en de rouw consumeerde veel lichamelijke en geestelijke energie. Leven slijt. Dat is niet onrechtvaardig, dat geldt voor iedereen.

En toch komt de lente weer terug. Alsof er niets gebeurd is.

Terwijl ik mijn geaardheid allang heb geaccepteerd, zie ik de wereld worstelen met de angst voor vrijheid en allerlei vooroordelen. 'Homo' wordt geassocieerd met 'seks'. Veel mensen hebben geleerd dat seks 'gevaarlijk' en 'zondig' is of erger: 'pervers'. Het is natuurlijk heel verdrietig dat onze meest liefdevolle flow-activiteit zo negatief beoordeeld en afgewezen kan worden.

Toch komt de lente weer terug. Alsof er niets gebeurd is.

In therapieën worden angstbeelden getackeld en talenten geactiveerd. Steeds weer verbaas ik me over de vele ingebeelde struikelblokken. Vooral de eigen leeftijd lijkt vaak de grootste belemmering: 'Ik ben 25 en dus te oud om een nieuwe studie te beginnen'; 'ik ben 40 en te oud voor een nieuwe relatie'; 'Ik ben 60 en te oud om een nieuw bedrijf te starten'. Maar waarom zou je te oud zijn om risico's te nemen?

De lente komt weer terug. Alsof er niets gebeurd is.

Ondanks alles droom Ik gewoon door, ook al ben ik 53. Ik droom van wereldwijde vrede, veiligheid en compassie voor ieder individueel leven. Ik droom dat we ons gaan realiseren dat geen enkel mens iemands eigendom is. Niet van een ouder, niet van een partner en ook niet van een kerk of politieke partij. *Ik droom van een alom troostende menselijkheid of vergeving.*

Iedereen die de veranderingen van het leven doorstaan heeft, kan met een glimlach constateren dat de lente, steeds weer, prachtig en betoverend is.

54 Gedachten veranderen

De therapie die ontwikkeld is om mensen te helpen hun gedachten te veranderen heet 'Cognitieve Gedragstherapie'. Cognitief betekent denken en waarnemen. Gedragstherapie staat voor het helen of verbeteren van probleemgedrag.

Filosofen wisten 2500 jaar geleden al dat denkpatronen je gevoelens beïnvloeden. In de laatste helft van de vorige eeuw is dit idee wetenschappelijk verder uitgewerkt door de Amerikaanse psychotherapeuten Albert Ellis, Aaron Beck en Jeffrey Young. In eerste instantie werd deze vorm van therapie alleen toegepast bij mensen met depressieve klachten, maar later bleek deze behandelmethode ook effectief te zijn voor vele andere klachten. In het huidige therapeutische landschap is Cognitieve Gedragstherapie niet meer weg te denken. Vooral ook omdat onderzoek overduidelijk heeft uitgewezen dat deze vorm van therapie effectief is.

Een belangrijk principe van Cognitieve Gedragstherapie is dat de negatieve gedachten, die samenhangen met je gevoelens, bijna altijd denk- en waarnemingsfouten bevatten. De meeste mensen zijn zich niet altijd bewust van hun eigen (automatische) gedachten. Ze beseffen ook niet dat hun denkwijze gevolgen heeft voor hoe ze zich voelen en voor wat ze doen. Toch is het zo dat je gedachten een grote invloed hebben op je gevoel en je gedrag.

Er is een logisch verband tussen wat je denkt en wat je voelt. Het is goed om daar eens bij stil te staan. Onaangename gevoelens worden maar zelden rechtstreeks veroorzaakt door de situaties die je moeilijk vindt. Het heeft vooral te maken met de manier waarop je tegen die situaties aankijkt. Zodra je je gedachten leert te veranderen, zul je in staat zijn moeilijke situaties op andere (en betere) manieren te benaderen.

-Negatief denken wordt gekenmerkt door het stellen van onredelijke eisen, het denken in 'alles of niets'-termen, rampdenken en het afkeuren van jezelf. *-Redelijk denken wordt gekenmerkt door het stellen van redelijke eisen*, het openstaan voor verschillende mogelijkheden, het denken in termen van 'jammer, maar niet verschrikkelijk' en het accepteren van jezelf onder alle omstandigheden.

Helpende vragen

Goede vragen zijn een krachtige wapen tegen negatieve gedachten. Ze doorbreken het denkspoor dat je gespannen of somber maakt en stimuleren je brein tot het zoeken naar antwoorden en oplossingen voor je problemen. Vragen brengen je letterlijk op andere gedachten. Ook al is soms de verleiding groot om vast te houden aan allerlei beperkende gedachten. Wanneer je je angsten en onzekerheden kritisch tegen het licht houdt, zul je zien dat de realiteit veel vriendelijker is dan je dacht.

We geven een aantal vragen die je jezelf kunt stellen als je negatief denkt. Deze vragen worden in de Cognitieve Gedragstherapie vaak gesteld om mensen te helpen positiever te gaan denken over zichzelf, hun omgeving en toekomst.

Vragen naar *het bewijs* van negatieve gedachten
– Is het echt waar wat ik denk? Hoe weet ik dat mijn gedachte waar is, welk echte bewijzen heb ik?
– Is deze gedachte logisch of ligt het meer voor de hand iets anders te denken? Zijn er alternatieve verklaringen voor wat ik denk te zien?
– Waarom is deze gedachte niet waar, wat kan ik er tegenin brengen?
– Stel dat ik me nu beter zou voelen, zou ik dan precies hetzelfde over deze situatie denken?
– Is het een redelijke gedachte of is het meer een angstgedachte of spookgedachte die mij de stuipen op het lijf probeert te jagen?
– Wat bedoel ik precies met deze gedachte?
– Zijn er ervaringen of gebeurtenissen waaruit blijkt dat deze gedachte niet waar kan zijn?
– Zou ik hetzelfde denken over mijn vriend als hem hetzelfde overkwam? Waarom niet?
– Zie ik 'zogenaamde' kleine onbeduidende feiten over het hoofd die mijn negatieve gedachte kunnen ontkrachten?
– Welke gedachte is zowel redelijk, realistisch als positief?

Zelfs als een gedachte waar blijkt te zijn of als je nog niet kunt weten of hij waar is, kun je je afvragen of het vasthouden aan die gedachte productief is. Problemen lijken vaak erger dan ze zijn. Meestal vind je na verloop van tijd een oplossing of je leert te leven met de realiteit. Je accepteert de tegenslag of bedenkt een aanvaardbaar compromis. Jij blijft de baas over je gevoelens. Bij een realistisch lijkende negatieve gedachte zijn de volgende vragen van belang.

Vragen naar *het effect of de gevolgen* van negatieve gedachten

– Wat is het nut van deze gedachte, wat heeft het voor zin om zo te blijven denken?

– Hoe zal ik me voelen als ik dit blijf geloven?

– Stel dat het waar is, wat zegt dat dan over mij?

– Als het waar is, wat kan er dan gebeuren? Hoe groot is de kans dat er echt gebeurt waar ik bang voor ben?

– Wat kan ik doen als er gebeurt waar ik bang voor ben?

– Als er gebeurt waar ik bang voor ben, kan ik dan nog gelukkig zijn?

– Stel dat het waar is? Kan ik het dan aan? Kan ik er mee leren leven? Is het vreselijk?

– Waarom moet alles gaan zoals ik dat wil?

– Helpt deze gedachte mij verder? Welke gedachte helpt me wel verder?

55 Helpende gedachten

Naast het bevragen van je gedachten kun je ook gebruik maken van helpende gedachtekaarten (zie de voorbeelden hieronder). Door ze bij herhaling te lezen, eraan te denken of de teksten op te nemen en te beluisteren, vergroten ze je veerkracht. In combinatie met bijvoorbeeld ontspannings- of meditatieoefeningen kunnen ze helpen je dagelijkse stress aanzienlijk te verminderen. Ze kalmeren en bemoedigen het meest kwetsbare deel in jezelf.

Deze methode is te vergelijken met de opwekkende of aansporende woorden die sportmensen gebruiken om tot betere prestaties te komen of om vol te houden in moeilijke omstandigheden. Positieve gedachten stimuleren je tot beter functioneren en helpen je beter met spanningsvolle situaties om te gaan. Hierbij moet je wel bedenken dat positief denken niet hetzelfde is als eisen dat je volmaakt bent.

Met behulp van bemoedigende gedachten zijn we tot veel meer in staat dan we voor mogelijk hielden. Op de langere termijn zullen de gunstige effecten zichtbaar worden. Denk maar aan de reclameboodschappen die je dagelijks hoort, het lijkt alsof ze niet werken, maar ze zijn wel degelijk zeer effectief.

Train jezelf in het bedenken en herhalen van positieve/redelijke gedachten. Zo kan er geleidelijk aan, naast alle andere methoden om met angst en spanning om te gaan, meer zelfvertrouwen ontstaan. Het negatieve denken is meestal jarenlang oververtegenwoordigd geweest, daar mag best een flinke dosis redelijke en/of positieve gedachten tegenover staan.

Begin met de gedachtekaarten die je in eerste instantie het meest aanspreken. Gun je brein de tijd om te wennen aan een meer optimistische denkwijze. Daarna kun je nog eens nagaan welke gedachtekaarten je zou willen toevoegen óf zelf kaarten maken van je meest favoriete helpende gedachten.

Voorbeelden van *helpende gedachten:*

Zelf

-Mijn waarde is onafhankelijk van de mening van anderen.
-Ik ben waardevol, ook los van mijn prestaties en fouten.
-Mijn waarde als mens kan nooit veranderen.
-Ik ben net zo waardevol als ieder ander mens.
-Mijn zelfwaardering begint bij het accepteren van wie ik ben, ik mag er zijn.
-Ik ben feilbaar, dus moet ik fouten maken.
-Ik ben feilbaar, menselijk en waardevol.
-Negatieve etiketten laat ik los, ik accepteer mezelf.
-Ik ben precies goed zoals ik ben.
-Ik ben goed genoeg.

-Ik geloof in mijn eigen kracht en mogelijkheden.

-Ik ben aantrekkelijk als ik in mezelf geloof.

-Ik mag de pijn verwerken en loslaten.

-Piekeren is zinloos, problemen los ik op door er echt iets aan te doen.

-Ik blijf vriendelijk tegen mezelf, ook als ik fouten maak.

-Mijn kwetsbaarheid wordt mijn kracht als het er mag zijn.

-Via mijn successen leer ik mijn kwaliteiten kennen.

-Ik heb zelf controle over mijn leven en neem de verantwoordelijkheid voor wat ik doe en voor wat ik voel.

-Ik kies ervoor redelijk en positief te denken.

-Ik mag trots zijn op mezelf, op elk klein stapje dat ik zet.

-Ik heb lief, ik probeer te overleven en iets te betekenen, ik ben een goed mens.

-Ik ben een goede ... (werknemer, student, moeder, vader, kunstenaar enzovoort).

-Het is goed voor mij om me te ontspannen en plezier te hebben.

-Ik ben waardevol en uniek en ik verdien waardering en respect.

-Ik blijf me ontspannen. Ik probeer redelijk en positief te blijven denken. Ik doe steeds opnieuw de dingen waar ik bang voor ben.

-Beloon en complimenteer jezelf na elke kleine of grote overwinning.

-Waar ben je vandaag dankbaar voor, blij mee, trots op of tevreden over? Geef deze dag een gelukscijfer:..

-Voor een gezond volwassen leven zijn er drie belangrijke kernbegrippen: *liefde, vergeving en dankbaarheid.* Woorden die je in een eindeloze mantra zou mogen herhalen.

-Ik maak de juiste en gezonde keuzes en blijf mezelf respecteren.

De buitenwereld/omgeving

-De buitenwereld is (meestal) veilig.

-Mijn wereld is veilig.

-Ik mag mijn emoties en meningen uiten.

-Mijn gevoelens en mijn behoeften zijn net zo belangrijk als die van een ander.

-Mensen mogen kritiek geven en ik mag selecteren welke kritiek ik belangrijk vind.

-Ik kan er tegen als iemand iets over mijn kwetsbare punten zegt.

-De meeste mensen accepteren mijn tekortkomingen.

-Ik ben een feilbaar mens met een eigen plek op deze wereld.

-Niets of niemand kan mijn waarde aantasten.

-Het is goed om, zowel innerlijk als uiterlijk, gewoon mezelf te durven zijn.

-De buitenwereld is vaak vele male vriendelijker dan mijn automatische gedachten over de wereld.

-Als ik mijn doelen geloof, ordent de buitenwereld zich ernaar.

-Ik kan geen gedachten lezen, dus kan ik beter uitgaan van de feitelijke feedback.

-Sombere of angstige gevoelens bewijzen niet dat de buitenwereld een gevaarlijke of onrechtvaardige plek is.

-Ik mag voor mezelf zorgen in relaties zonder me schuldig te voelen.

-Ik zal in staat zijn van allerlei relaties te genieten, ook als ze moeilijk kunnen worden en een beroep op me doen.

-Ik mag nee zeggen, zonder me schuldig te voelen.

-Ik kan altijd de druk verminderen door te ontspannen.

-Ik mag kiezen voor mijn prioriteiten.

-De omstandigheden zijn zoals ze zijn, en ik kan zelf mijn reactie bepalen op wat er gebeurt.

-Mijn kwetsbaarheden, mijn hoop, mijn strijd verbinden me met alle andere mensen. We proberen allemaal er het beste van te maken.

-Mijn eisen mag ik loslaten; ik geef er de voorkeur aan dat dingen gaan zoals ik dat wil.

-Ik leer realistisch te blijven; tegenslag is jammer, maar niet onoverkomelijk.

-Het lukt me iemands tekortkomingen te accepteren; mensen mogen fouten maken.

-Elke moeilijke of beangstigende (sociale) situatie kan ik overwinnen, zeker als ik het rustig aanpak en als ik het in kleine stapjes benader.

-Ik kan leren in de buitenwereld en tussen andere mensen me meer op mijn gemak te voelen.

-Het contact met anderen biedt me nieuwe mogelijkheden en kansen. Ik verheug me op vriendschap, liefde en samenwerking.

-De buitenwereld heeft veel te bieden, ik kan leren en groeien door meer met andere mensen om te gaan.

-Ik sta open voor geluk en goede levenservaringen en ben daar dankbaar voor.

De toekomst

-Mijn doelen en dromen vertellen me waardoor ik in flow kan komen.

-Ik zal mijn droom waarmaken.

-Ik geloof mijn toekomst.

-Iedere dag zal ik steeds beter in staat zijn die dingen te doen die me gelukkig maken.

-Ik zal steeds meer leren van het hanteren van mijn emoties en valkuil.

-Ik word sterker en gezonder.

-Ik werk stapsgewijs in het 'nu' aan het verwerkelijken van mijn droomdoel.

-Iedere dag zal ik blijven focussen op wat er goed is gegaan, wat ik goed heb gedaan en waar -ik dankbaar of tevreden over kan zijn.

-Ik zal meer tijd nemen voor rust en ontspanning.

-Ik ga steeds meer dingen doen die ik leuk vind.

-Ik leer uithoudingsvermogen op te bouwen; het bereiken van mijn doelen kost inspanning.

-Ik hou vol.

-Ik ga meer positief denken.

-Het leven is een avontuur en ik leer zowel de plezierige als de onplezierige kanten te accepteren.

-Het is goed voor mij om risico's te nemen en uitdagingen aan te gaan. Dingen mogen mislukken, van elke fout kan ik leren.

-Elke tegenslag brengt me een stapje dichter bij succes.

-Iedere dag gaat het met mij in alle opzichten beter en beter.

-Ik sta open voor geluk en goede levenservaringen en ben daar dankbaar voor.

-Als ik dit hier en nu aankan, kan ik alles aan.Wat ik wil zal me lukken, ik ga zichtbaar meer presteren.

56 Compenseren of verwerken?

Met een laag zelfbeeld is het lastig om je eigen kwaliteiten te zien. In vergelijking met anderen kom je er zelf altijd slechter van af

De dingen die je goed doet merk je nauwelijks op, omdat het volgens jou vanzelfsprekend en normaal is te moeten voldoen aan alle eisen van het dagelijks leven. Straffen voelt vertrouwd, jezelf belonen is niet nodig.

Vaak voelen mensen met een laag zelfbeeld zich ook schuldig. Schuldig wanneer ze fouten maken, schuldig als ze zelf iets willen. Ja, zelfs schuldig als ze moe of somber zijn of behoefte hebben aan ontspanning. Dat maakt hun leven extra zwaar.

Het schuldgevoel wordt tijdelijk iets rustiger als zij hun vermeende tekortkomingen kunnen compenseren met het streven naar perfectie of met het voortdurend zorgen voor anderen. Maar van teveel geven raak je uitgeput. En omdat rust voor hun gelijk staat aan niets doen en niets toevoegen, moeten ze maar doorgaan.

In plaats van al je energie weg te geven is het goed je te realiseren dat het voor je gezondheid van wezenlijk belang is tot rust te komen en nog eens te kijken naar je eigen strenge leefregels.

Onderzoek je gedachten en gevoelens, maak de reis naar binnen, in plaats van doorlopend de buitenwereld te behagen. Welke pijn heeft geleid tot de onrechtvaardige negatieve kernconclusies: 'ik ben niet goed genoeg', 'Er is iets fundamenteel mis met mij'?

Zodra de pijn er mag zijn (dat mag vaak niet omdat dat je ook weer schuldig maakt). Als het gevoeld en begrepen mag worden. Als het getroost en vergeven mag worden. Dan komt er ruimte voor andere gevoelens. Voor begrip, compassie. Maar ook voor de boosheid over de onrechtvaardige pijn. Dan komt er ruimte voor jou. Voor je verlangens en je dromen. Voor je inspiratie en je grenzen.

Vervolgens kun je leren dat je de pijn niet hoeft mee te nemen in de vorm van chronische schuld. Je mag eerst zorgen voor jezelf. Het belangrijkste doel in je leven is te worden wie jij bent; je gelukkig en goed te mogen voelen. Je bent niemands eigendom. Iedereen mag zijn eigen leven bepalen en zijn/haar eigen vrije keuzes maken. Neem die ruimte voor jezelf.

57 (Mis)lukken

Ik zie mezelf nog staan achter de werkbank tijdens de les 'metaalbewerken'. Zwetend op het vijlen van een metalen dobbelsteen. Zes vlakken die precies haaks op elkaar moesten staan. Heb je dat weleens geprobeerd? Mijn dobbelsteen werd steeds kleiner en kleiner. En uiteindelijk kon ik overnieuw beginnen. Het lukte me gewoonweg niet.

Aan het einde van de les liep ik boos de klas uit, gevolgd door mijn klasgenoot en vriend Ronnie. 'Het moet nu gebeuren', fluisterde hij me toe.

'Oh ja. het gevecht', angst schoot door mijn borst.

Hij had het me uitgelegd in een paar woorden. Ik moest vechten. Waarom? Omdat ik anders teveel opviel. Hij had ze al horen praten over mij. 'Dat is een poot, die gaan we pakken.'

Ronnie kende ik vanaf de lagere school. We hadden veel gemeen. Inclusief de armoede en het afwezig zijn van een vader. Ik wist dat hij me wilde beschermen en nam zijn advies serieus.

Plotseling gaf ik hem een duw en schreeuwde: 'oprotten jij!'

En ja, het liep precies zoals we hadden bedacht. We rolden vechtend over de grond en de jongens om ons heen begonnen aan te moedigen. Totdat een leraar ons uit elkaar trok en we op het strafbankje bij de directeur belandden.

Het voelde niet als een gevecht. Ik had ook niets gewonnen. Ik had niet het gevoel dat het me 'gelukt' was. Ik voelde me wel beschermd, maar dat had een hoge prijs: ik moest mezelf geweld aandoen. Ik was geen straatvechter.

De Technische school werd uiteindelijk een mislukking. Maar niet volledig. Ik wist in ieder geval wat ik niet wilde. En ik maakte kennis met o.a. wiskunde, biologie en Nederlands. Vakken die me wel boeiden. Maar of het me zou gaan lukken er meer mee te doen, dat wist ik niet.

School was bedreigend voor me. Ik was al verlegen, maar was ook onbekend met leren. Mijn moeder kon niet meer dan een boodschappenlijstje en haar naam schrijven. Er was thuis geen enkele focus op ontwikkelen en leren. Wel op liefde, gezelligheid en spelen, daar heb ik veel van geleerd.

Vanaf mijn 16de jaar ben ik begonnen met de MAVO voor volwassenen. En toen ik drie jaar later mijn diploma in ontvangst nam, was dat het signaal dat ik ook kon slagen. Zelfstandig en onafhankelijk van het oordeel van anderen.

Sindsdien heb ik durven geloven dat dingen wél kunnen lukken in m'n leven. En daar is veel flow en geluk uit voortgekomen.

58 Zelfvertrouwen voor mannen (en vrouwen)

'Ik ben voorbereid op Mars (de mannenplaneet)':

-Laat nooit je angst zien, dat is gevaarlijk voor je PR.
-Als iemand je uitscheldt of kleineert, doe hetzelfde maar dan agressiever.
-Als je een fout maakt ben je een loser, verberg je fouten, bestraf jezelf.
-Praten is voor sissies.
-Verdien veel geld, rij een blingbling auto.
-Zorg voor een knappe/perfecte vrouw aan je zijde.
-Huil niet, vecht.

Mars is te koud om te overleven voor aardbewoners.

Gelukkig verandert het onderscheid tussen mannen en vrouwen. Maar toch. De meeste pasgeboren kindjes worden in een seksespecifieke kamer gehuisvest. Roze of blauw. En daar eindigt het niet. Normen en regels onderscheiden het geslacht. Verwachtingen worden geformuleerd. Zachtjes gemasseerd of gewoonweg opgelegd. Alsof kinderen eigendom zijn.

Het is voor kinderen van levensbelang te voldoen in de ogen van hun ouders. De opvattingen die zij zich eigen maken zijn meestal aangepast aan de eisen van belangrijke rolmodellen.

Dat is goed zolang deze opvattingen behulpzaam zijn en leiden naar een gelukkig leven.

Maar dat is niet altijd zo.

Zoals blijkt uit het bovenstaande lijstje.

Voor meer zelfvertrouwen op aarde:

-Neem de tijd om te *praten over je emoties* (delen verlicht en verheldert).
-Relativeer je angstige- sombere gedachten, leer je valkuil te hanteren, *accepteer fouten.*
-Weet dat er een goed alternatief is voor agressie: *assertiviteit.*
-Leer *in flow te komen* (richt je op je kwaliteiten, doe waarvan je 'aan' gaat staan).
-Verdien (zelf)respect door *betrouwbaarheid* (afspraken nakomen met jezelf, redelijke doelen nastreven).
-Durf je *kwetsbaarheid te tonen* (intimiteit). Werk aan een liefdevolle/waardevolle relatie.

-Maak je droom waar. Vertel jouw verhaal.

59 Terwijl ik van mezelf begon te houden

(As I began to love myself - Charlie Chaplin)

Terwijl ik van mezelf begon te houden, ontdekte ik dat mijn angst en emotionele pijn niets méér betekenden dan een waarschuwing: ik moest leven volgens mijn eigen waarheid.

Ik weet nu: dat is *Authenticiteit*.

Terwijl ik van mezelf begon te houden, begreep ik dat het kwetsend is om iemand anders -of mezelf- mijn eisen op te leggen. Vooral als ik kon weten dat de timing niet goed was en de ander er nog niet aan toe was.

Vandaag noem ik dat *Respect*.

Terwijl ik van mezelf begon te houden, stopte ik met het verlangen naar een ander leven. Ik kon zien dat alles om me heen me uitnodigde om te groeien.

Vandaag noem ik dat *Volwassenheid*.

Terwijl ik van mezelf begon te houden, begreep ik dat ik in iedere situatie, precies op de goede plek en precies op tijd was. En dat alles exact op het juiste moment gebeurde, zodat ik kalm kon blijven.

Vandaag noem ik het *Zelfvertrouwen*.

Terwijl ik van mezelf begon te houden, ben ik gestopt met het stelen van mijn eigen tijd en het plannen van te grote projecten.

Vandaag doe ik alleen nog wat me plezier en geluk brengt, de dingen die ik heel graag doe en mijn hart laten juichen; en ik doe ze op mijn eigen manier en in mijn eigen ritme.

Dat noem ik *Eenvoud*.

Terwijl ik van mezelf begon te houden, heb ik me bevrijd van alles wat slecht is voor mijn gezondheid - eten, mensen, dingen, situaties, en alles wat me naar beneden haalde en me van mezelf vervreemdde. Voorheen noemde ik deze houding gezond egoïsme.

Vandaag weet ik: dit is *Liefde voor jezelf.*

Terwijl ik van mezelf begon te houden, stopte ik met overal mijn gelijk te moeten halen. Sindsdien heb ik minder vaak ongelijk.

Vandaag ontdek ik: dat is *Bescheidenheid.*

Terwijl ik van mezelf begon te houden, weigerde ik nog langer te leven in het verleden en te piekeren over de toekomst. Nu leef ik alleen nog voor het heden, het enige moment, waarop alles gebeurt.

Vandaag beleef ik iedere dag, dag na dag, en ik noem het *Voldoening.*

Terwijl ik van mezelf begon te houden, herkende ik dat mijn geest me kon belemmeren en ziek kon maken. Toen ik haar verbond met mijn hart, werd ze een waardevolle bondgenoot.

Vandaag noem ik deze verbinding: *Wijsheid van het hart*.

We hoeven niet meer bang te zijn voor conflicten, confrontaties of welk probleem dan ook met onszelf of anderen. Zelfs sterren botsen, en door deze botsingen worden nieuwe werelden geboren.

Vandaag weet ik: dat is *Leven*.

http://www.youtube.com/watch?v=62oby83NtGw&feature=youtu.be&a=

http://www.charliechaplin.com/

60 Moeten slagen?

Faalangst komt voort uit de behoefte aan een goed eindresultaat (slagen). De behoefte aan het gevoel gezien en geaccepteerd te worden. De behoefte aan het waarmaken van je droom.

Gezonde behoeften worden verpest door het 'moeten' en allerlei zelfopgelegde 'eisen'. Zo verandert faalangst in een meedogenloos, straffend, verlammend onheilsgevoel.

Alles is al aanwezig in je, je hoeft het alleen maar te ontdekken. Maar ontdekken kost tijd. Leef tijd, oefen tijd. Het zal ont dekt worden op het moment dat je er klaar voor bent. Op het moment dat je aankomt op het bewustzijnsniveau dat nodig is om het te kunnen ervaren.

'Moeten' roept meteen weerstand op. Moeten is dwang, en we hebben een broertje dood aan dwang. Waarom? We 'willen' het liefst. Willen is eigen, moeten is van een ander.

'Moeten' koppelt extra frustratie aan de taak en de persoon van wie je 'moet'.

'Moeten' wordt onderdeel van de interne criticus, inclusief het 'bestraffen' van het niet voldoen aan de eis.

Als jij zegt dat ik iets moet, is het niet van mij. Als ik zeg dat ik iets moet, werkt het hetzelfde. Het is iets wat ik eigenlijk niet wil. Moet-kracht bestaat wel, maar is van korte duur. *Wilskracht is duurzaam en brengt je naar je droomdoel.*

Waar ga je van 'aan' staan? Een vraag van levensbelang. Bij 'moet-kracht' telt dit niet.

Van al het 'moeten' vergeten mensen te visualiseren waar ze echt naartoe willen. Ze vergeten hun kracht en zelfstandigheid.

Natuurlijk moet je van alles als je je doel wilt bereiken. Maar dat is uitsluitend voorwaardelijk: in het kader van je droomdoel.

'Ik word woedend van het uitstellen, vind mezelf een mislukkeling.'

'Wat stel je dan zo uit?' vraag ik. Haar frustratie is duidelijk zichtbaar.

'Mijn administratie. Het is helemaal niet zo ingewikkeld. Ik moet mijn facturen maken, en de belasting doen. Maar hoe ik het ook aanvlieg, het blijft liggen. Het lijkt wel alsof het niet goed mag gaan met mij. Ik zie de kosten stijgen door de aanmaningen en toch kom ik niet in beweging. Hierdoor weet ik ook niet precies hoeveel schuld ik heb en hoeveel ik nog te besteden heb.

Ik word steeds kwader op mezelf omdat ik zie hoe het misgaat terwijl ik niet ingrijp.'

Haar straffende houding heeft de vrij eenvoudige administratieve taak getransformeerd naar een zeer negatieve- schuldbeladen trigger. Een trigger voor falen. De administratie is niet het probleem, dat is zo opgelost. Het stelselmatig straffen van falen, dat is het werkelijke probleem.

Zij mag leren zichzelf te vergeven voor de fouten, ook voor het straffen. En weer leren te kijken naar en te bekrachtigen wat er goed gaat in haar leven en met haar ontwikkeling. Dan komt er *ruimte voor het verdragen van de negatieve emoties*. En dus voor het opruimen van de administratie. Stap voor stap, dat wel.

61 Wat heb je nodig?

Op de momenten dat je vastloopt, het even niet meer weer of je je heel ongelukkig voelt is het goed zorgvuldig, vanuit een hoger perspectief, naar jezelf te kijken. Wat speelt er op dit moment in je leven, is er teveel stress, zijn er verklaringen voor het nare gevoel?

Als je bijvoorbeeld het gevoel hebt dat er teveel op je afkomt, dat je de zware druk niet meer aankunt, kijk dan rustig hoe je de druk zou kunnen verlichten. Vanuit je angst lijkt alles veel moeilijker en onmogelijker dan in werkelijkheid nodig is. Een angstig iemand heeft meestal zelf niet in de gaten dat hij de bedreigingen teveel uitvergroot of overdrijft.

Alle grenzen waar je tegenaan loopt; je werk, familie, stemming of wat dan ook, verdienen je aandacht. Ga even terug naar het meest rustige punt in jezelf, *hoe groter het probleem, des te meer je mag teruggaan naar volledige ontspanning*. Spreek jezelf moed in en probeer, na de nodige rust, kleine stapjes vooruit te zetten.

Direct na elke stap, eerst bijkomen, waardering uiten voor je inspanningen, en voorzichtig met engelengeduld verder gaan. In een regelmatig, kalm tempo. Zonder enige druk, zonder teveel woorden kun je iedere uitdaging aan.

Bedenk dat, als je overweldigd wordt door angst, er altijd mensen bereid zullen zijn om je te helpen. Er is voldoende geruststellende, kalmerende informatie beschikbaar. Warmte, liefde, veiligheid en verbondenheid zijn nooit verder dan een paar stappen van je verwijderd.

Goede ervaringen in het heden werken genezend voor slechte ervaringen uit het verleden. Het is dus nooit te laat om fouten te corrigeren en nieuwe kansen te pakken. Ook en vooral met behulp van meditatie vind je diep vanbinnen een veilige schuilplaats waar je alle benodigde energie, acceptatie, onverstoorbaarheid en troost kunt halen.

Niets geeft meer voldoening dan, volledig op eigen kracht, je eigen leven (opnieuw) richting te geven. Zolang je altijd op jezelf mag rekenen kan weinig je nog overstuur maken.

62 Mentale Gevangenis

Wachtend op haar komst denk ik terug aan haar lange gevecht met angst en paniek. Ze wil geen medicatie, daar is ze ook panisch voor. Maar het gevecht gaat moeizaam. De negatieve scenario's blijven aantrekkelijk om 'uit te pluizen', om het zekere voor het onzekere te nemen. En vooral de mogelijke negatieve scenario's met betrekking tot haar zoontje. Alle catastrofes worden bedacht en voorkomen. Een mentale gevangenis.

Ze komt opgewonden binnen. Haar ogen schitteren: 'ik ben hier en ik ben me er bewust van'.

'Je raadt het nooit' zegt ze met een ingehouden opgewondenheid. 'Het is gebeurd!'

'Wat' vraag ik terwijl ik op het puntje van mijn stoel zit.

'Nou, het *hier en nu'* zegt ze, nog steeds met verbazing.

Maanden zijn we bezig met het zoeken naar een lichtpuntje, een uitgang uit het piekeren, uit de angst.

'Ik fietste met mijn vriendin, en toen gebeurde het. Ik voelde de zon op mijn gezicht, een gelukzalig gevoel stroomde door mijn lichaam. Ineens zag en hoorde ik haar helder spreken, de wolken waren prachtig en de straat glinsterde van de regenbuien. De wind stroomde langs mijn huid. M'n vriendin had het niet in de gaten, maar ze raakte me door haar opgewekte aanwezigheid. Ik dacht: dit is het.'

'Ja, dit is het' zeg ik, en voel de ontroering die zich van haar meester maakt. 'Dit is het bewijs dat je de angst steeds meer achter je kunt laten.'

Ondanks haar stoerheid kan ze de tranen niet onderdrukken.

Zoeken naar een uitgang; puzzelen met emoties; belemmerende opvattingen uitdagen en experimenteren met nieuw gedrag. Zo ingewikkeld is het niet. Het gevecht betreft het vertrouwen op de richting. Het geloven in een positieve uitkomst. Het opbouwen van optimisme. Zodat het nieuwe gedrag uitgebouwd kan worden.

Ze nam het risico, ze liet haar angstige opvattingen los en de gevangenis verdween. Niet voorgoed. Maar met de uitgang voor ogen, veranderde haar perspectief. Een geloof in een positieve toekomst, een vrije toekomst.

63 Boven de streep

'Hoe groot de tegenslagen ook zijn, ik zal ervan leren en er sterker uitkomen.'

Dat weet ik natuurlijk nooit zeker. Zekerheden zijn er niet echt in het leven. Wel waarschijnlijkheden. En geloof en vertrouwen.

Als ik besef hoeveel tegenslagen we moeten overwinnen is het wonderlijk dat we blijven geloven in het goede. Wat is dat dan, dat geloven?

Het is ook een bewustzijn van het 'slechte'. Van het lijden, van pessimisme en negativiteit. Van wantrouwen en kleinerende etiketten. Van persoonlijk aangevallen voelen en van haat en vechten. Van ongeloof en cynisme. Ik weet het. Ik ken het.
Iemand zei eens tegen me: 'je kunt boven de streep zitten, in het optimisme en vertrouwen. Of je kunt er onder zitten, in het pessimisme en wantrouwen.'

Hoe blijf je boven de streep?

Zeker nu het tegenslagen regent. Bij veel ondernemers staat het water aan de lippen. Buiten hun schuld zijn ze door de reserves heen en de banken hebben weinig clementie/ruimte.

Dat is verdrietig en bedreigend. Dat is langdurige tegenwind met het risico op een groot verlies.

Als je risico's neemt, loop je ook een kans op verlies. Maar hoe blijf je psychisch overeind, boven de streep?

-Negatieve emoties kunnen je beneden de streep brengen, zeker als je al weinig energie hebt. *Praat over je emoties.* Spreek ze uit bij iemand die ze snapt en er ruimte voor heeft. Door woorden te geven aan je emoties gaan ze stromen, en dat voelt lichter.

-Schrijf je meest negatieve gedachte op en *formuleer een optimistische tegenhanger.* Lees de optimistische gedachte dagelijks.

-*Blijf zorgen voor jezelf.* Juist ook ontspanning en gezelligheid opzoeken (dagelijks).

-Maak de tegenslag niet persoonlijk. Iedereen maakt fouten. Iedereen worstelt met pijn en tegenslag. *Zoek niet een schuldige, zoek oplossingen.*

-*Ook deze tegenslag zal weer tot het verleden behoren*, als je je verliezen kunt nemen.

-*Blijf in een leerhouding.* Zelfs van deze tegenslag kun je waardevolle persoonlijke lessen leren.

De belangrijkste les is dat je 'mens zijn' niet afhangt van de verliezen of successen die je boekt. En dat je boven de streep kunt blijven, wat er ook gebeurt.

64 Pure emoties

De angst onze emoties te voelen zit bij de meeste mensen heel diep. Op allerlei manieren proberen we er voor weg te lopen. Afleiding, verdoving, ontkenning en nog vele andere vormen van vluchtgedrag. Ons leven zou een heel stuk dragelijker worden als we met heldere aandacht naar ons gevoel durfden te kijken. *Bewuste aandacht dringt recht tot de kern van je gevoel door en daardoor zul je sneller weer kalmeren.*

Naast het erkennen van emoties is het ook van belang je innerlijke behoeften te vervullen. Je behoefte aan veiligheid, betekenisgeving en kracht kun je met je woorden en gedrag voeden en onderhouden. Het *positief bekrachtigen van je kwaliteiten* bevordert je zelfwaardering en stimuleert je verdere ontwikkeling.

Geluk betekent volgens ons complete bewustwording van het goede. Daar heb je hoop, vertrouwen en (interne) bemoediging voor nodig. Als je somber dreigt te worden, kijk dan rustig naar het gevoel, loop er niet voor weg. Stimuleer vervolgens jezelf om door te gaan. Train je brein met aanmoedigingen, compassie en oprechte waardering voor je inspanningen. Het leven kan soms moeilijk zijn, en als je in staat bent jezelf te begrijpen zal het je ook beter lukken anderen te helpen.

Sta jezelf en anderen ook fouten of ontwikkelpunten toe. *Soms is het wijzer om tekortkomingen met liefde te benaderen.* Kritiek op dingen die nog niet te veranderen zijn helpt niemand verder.

Durf je je emoties te laten zien? Groei en verandering hebben een voedingsbodem van zelfacceptatie nodig. Steun, waardering en bevestiging helpen je vanuit je meest uitgebalanceerde en volwassen kant met problemen om te gaan.

De kanten van jezelf waar je minder tevreden over bent krijgen met een veilige, volwassen benadering de kans te veranderen. Als je overspoeld wordt met pijnlijke emoties heb je tijd nodig om te herstellen. Ervaar je emoties zonder je erdoor van slag te laten brengen. Blijf rustig door bouwen aan het leren hanteren van je emoties, ook al lijkt het soms geen zin te hebben. Op de goede momenten zul je ervaren dat al je eerdere inspanningen zeker beloond worden..

65 De mand

Veel mensen worstelen met onzekerheid: de (sociale) angst niet te voldoen in de ogen van belangrijke anderen. Verbondenheid geeft een veilig en koesterend gevoel en brengt vertrouwen in de toekomst. De dreiging die verbondenheid te verliezen is voor iedereen een negatieve gebeurtenis.

Het lastige van sociale angst is het 'zeker denken te weten' wat een ander van ons vindt. Sociale feedback is vaak onduidelijk. Daardoor lijkt de vermeende negatieve feedback de angst voor afkeuring te bevestigen bij mensen met sociale angst. Dit gegeven en het feit dat sociale angst een van de moeilijker te beïnvloeden angsten is, heeft David Clark (wetenschapper) geïnspireerd tot het ontwikkelen van een model voor sociale angst.

Wat gebeurt er tijdens de informatieverwerking van een sociale situatie bij iemand met sociale angst?

-Wanneer iemand met sociale angst weet dat op moment X alle ogen op haar/hem zijn gericht, start de anticipatieangst (voorafangst). Negatieve voorspellingen en visualisaties, angstbeelden (anticipatieangst: piekeren).

-Monitoren van en overconcentratie op zichzelf tijdens moment X (zichzelf angstvallig in de gaten houden, overbewuste (zelf)controle, subtiele vermijding, verbergen van 'tekortkomingen').

-Na moment X start het negatief herkauwen van moment X ('lijkschouwing', piekeren over wat er misging).

De werkelijkheid is meestal weerbarstiger dan een theorie. En veranderen van sociale angst is vaak een flinke worsteling. Maar de theorie maakt duidelijk in welke richting veranderingen mogelijk zijn.

Een van mijn eerste therapieën betrof een jonge vrouw met sociale angstklachten: de angst te trillen met haar handen in gezelschap. Haar schaamte was groot. Ze had het gevoel door 'de mand' te vallen als men haar trillend een gebakje zag eten tijdens een verjaardag. Vergaderingen waren een martelgang. De negatieve gevolgen werden 'waar' in haar beleving. Ze zat in een spiraal naar beneden van negatieve gedachten, vermijding, negatieve gedachten. Uiteindelijk werd ze depressief.

Sociaal angstige mensen stellen voor zichzelf meedogenloze perfectie-eisen. Het tonen van je sociale angst wordt ervaren als zeer schaamtevol en negatief. Als hun zelfopgelegde eisen worden overschreden verwachten ze door anderen te worden afgewezen. Natuurlijk zijn er ook mensen die negatief oordelen over sociale angsten of onzekerheid. Vaak zijn dat de mensen met dezelfde strenge perfectie eisen. Anderen zullen het juist waarderen en moedig vinden als je je menselijke en kwetsbare kant durft te laten zien.

Maar uiteindelijk gaat het over het veranderen van je eigen perfectie-eisen en normen. Als je -met sociale angst- bang of gespannen mag zijn in het openbaar, is de meest pijnlijke kern van de sociale angst opgelost. Paradoxaal, natuurlijk. Maar zo werkt het.

Een paar adviezen en een verwijzing naar een mooie lezing van David Clark:

Vooraf inkorten van anticipatieangst (piekeren over wat er mis kan gaan)
1 Gebruik cognitieve (gedachte) technieken voor het uitdagen van negatieve angstigmakende voorspellingen.
2 Gebruik ontspannings/mindfulness technieken voor je lichamelijke spanning en om in het 'Hier en Nu' te blijven.
3 Gebruik affirmaties die ingaan tegen je negatieve kernopvattingen.
4 Praat over je angst met een vertrouweling.
5 Wen aan de situatie waar je tegenop ziet door een redelijke uitkomst te visualiseren (positieve verbeeldingskracht).

Tijdens moment X
1 Oefen met het richten/focussen van je aandacht op de ander, niet op jezelf.
2 Richt je aandacht op de inhoud van het gesprek/onderwerp.
3 Ga vooral niet tijdens dit gesprek/op dit moment je eigen functioneren evalueren.

Na moment X
1 Blijf je affirmaties herhalen (positieve zelfbevestiging).
2 Gebruik cognitieve/mindfulness technieken om het piekeren over wat er 'misging' (de lijkschouwing) in te korten.

3 Kom tot een redelijke/positieve conclusie over je functioneren (wat ging goed, wat kan beter?).

Leren omgaan met sociale angst blijft een grote uitdaging, vooral omdat de angst, ook na het oefenen, niet helemaal zal verdwijnen. Het gaat erom dat je deze angst steeds beter leert te hanteren. Dat is de meest realistische doelstelling.

Het geworstel met (sociale) angst levert uiteindelijk veel op: bewustwording van je valkuilen (de denkbeeldige manden waar je doorheen kunt vallen); zelfacceptatie en het vrijmaken van je kwaliteiten zodat je je optimaal kunt ontwikkelen (Flow).

http://www.gresham.ac.uk/lectures-and-events/social-anxiety-and-its-treatment

Denk je sterk ontspanningsoefeningen (www.sterk-swaen.nl)

66 Loodzwaar

Opgebrand zijn is geen pretje. Als je er uiteindelijk mee geconfronteerd wordt, zijn de rapen gaar (of de poppetjes aan het dansen). Er zijn teveel signalen genegeerd. De spanningsklachten, de slaapproblemen, de angst, de zorgen en boosheid van geliefden, de fouten. Maar vooral ook de last die al jaren wordt meegezeuld. En ondertussen 'mooi weer' spelen. Naar de baas, de medewerkers, de collega's, de klanten en naar zichzelf.

De onvermijdelijke 'man met de hamer' komt langs.

In de vorm van een grote fout, heftige angst en emoties en concentratie/geheugenproblemen. Het grote disfunctioneren. Het grote niets.

Ontreddering, moedeloosheid en het ongeloof dat gedrag tot zulke grote negatieve gevolgen kan leiden.

Maar ook: het ongeloof dat het omkeerbaar is. Gevaarlijk pessimisme.

Eerst herstellen, stabiliseren. Dat begint met verwerken. Een verhaal moet gereconstrueerd worden. Een verhaal dat verklaart waarom het mis is gegaan. En wat er anders moet. Een rationale. Ja, de batterij is op, het elastiek geknapt. Een energielek. En meer van dat soort vergelijkingen.

En daarna? Geleidelijk aan terug naar het werk. Waarom? Omdat daar de verandering kan plaatsvinden.

Ieder mens is anders, maar toch zijn er een aantal adviezen die voor ieder opgebrand mens gelden:

-Rust eerst goed uit, je hebt energie nodig om optimistisch te kunnen zijn. Je optimisme zal terugkomen zodra je energie overhoudt.
-Je concentratie- en geheugenproblemen zullen uitdoven als je energie terug is.
-Je 'rouw' over het verlies van je energie zal uitdoven wanneer de emoties verwerkt zijn (als je het disfunctioneren/verlies geaccepteerd hebt).
-Alles wat je op een dag doet, kun je onderverdelen in: produceren/investeren en energie opdoen/consumeren. Ga weer consumeren!
-Structureer je dag, juist ook als je nog niet werkt. Vaste tijden dwingen je lichaam in een rustig, voorspelbaar ritme.
-Ziek zijn betekent in dit geval juist niet in je bed of op de bank blijven liggen. Kom ook in beweging (dagelijks) wandelen/sporten; contact maken

met de dag (buiten) en met mensen.

-De re-integratie is een belangrijk onderdeel van het herstelproces. Stel het niet te lang uit en houd contact met je leidinggevende/afdeling/collega's (kopje koffie).

-Begin de reïntegratie zonder deadlines en taken die teveel druk geven.

-Bouw de re-integratie in kleine stappen op (wennen aan werkdruk).

-Werk aan je energielekken zoals: perfectionisme, sub-assertiviteit/socialeangst, angst voor de angst, laag zelfbeeld (therapie).

-Kijk niet alleen naar je werk, kijk naar je prioriteitenstelling in het algemeen. Staan jij en je partner/gezin op de eerste plaats? Zijn er (familie)relaties die energie wegnemen? Is er een erfenis van langdurig uitstelgedrag? Ruim de rommel op! (stap voor stap)

De klachten zijn omkeerbaar, gezonder gedrag is haalbaar, als je jezelf en je dierbaren weer op de eerste plek zet. Dan kan wat loodzwaar was weer lichter worden, en als startpunt dienen voor het versterken van jezelf.

67 Goede bedoeling

In relaties zijn mensen geneigd steeds te kijken naar wat er misgaat. Bij problemen beginnen partners elkaar te beschuldigen en allerlei verwijtende etiketten op te plakken: dom, lui, slordig et cetera. Zo ontstaat er een negatieve spiraal, waarin de problemen steeds groter worden.

De vraag is waarom iemand bewust dingen fout zou doen. Wie heeft daar belang bij? Als iemand al ongewenst gedrag vertoont, dan is dat meestal uit onmacht. In harmonie leven is altijd prettiger, maar dan moet je wel weten hoe je dat doet. In plaats van anderen te beschuldigen is het prettiger en liefdevoller om te onderzoeken wat de authentieke of 'goede' verklaring is voor zijn/haar gedrag.

We verlangen naar liefde, maar jagen anderen weg door ze als mislukkelingen of slechteriken af te schilderen. Als iemand zijn/haar gedrag je dwarszit vraag dan of het misschien ook anders kan. Zonder allerlei verwijten of beschuldigingen. Gewoon, vriendelijk, zoekend naar iemands ware, betere intenties.

Negatief gedrag komt meestal voort uit oude wonden. Als je eerder in je leven pijn meegemaakt hebt, kun je bang worden dat de mensen waar je nu mee te maken hebt je weer zullen kwetsen. Helaas is dat vaak een zichzelf bevestigende angst, omdat je zo gericht bent op signalen van ongewenst gedrag dat je ze zeker zult zien. Mensen maken nu eenmaal fouten.

Probeer te voorkomen dat je nieuwe probleemsituaties belast met oude wonden uit het verleden. *Bekijk huidige problemen in het hier en nu, zonder er angstige herinneringen of negatieve toekomstverwachtingen aan toe te voegen.* Vraag jezelf af waar je op dit moment echt mee bezig bent (met het heden of verleden) en/of welke gedachten je afhouden van het huidige probleem.

Het verleden laat zich niet meer veranderen, maar oude negatieve boodschappen kunnen we wel leren aanpassen. Onze manieren van reageren zijn, met veel geduld, te verbeteren. Leer te zien en te begrijpen wat een ander en jij echt nodig hebben. Nieuwe kansen, liefde en begrip, plus het vermogen elkaar te bevrijden van angstige vooroordelen of disfunctionele patronen.

68 Positieve Zelfbescherming

Sinds de publicaties van Elaine Aron over Hoog Sensitieve Personen is er een meer positieve 'kijk' op gevoeligheid van mensen. Elaine, zelf een hoog sensitief persoon, weet als geen ander hoe je kunt worstelen met een hoog sensitief zenuwstelsel en hoe je het kunt leren hanteren.

Volgens Elaine is ongeveer 15% van de bevolking hoog sensitief. Veel mensen hebben negatieve ervaringen opgedaan met hun sensitiviteit. Het wordt gezien als verlegenheid of angst die overwonnen moet worden. Natuurlijk speelt sociale angst en verlegenheid een rol bij HSP's. Maar 'overprikkeld zijn' is een meer basaal begrip. Bij overprikkeling geef je andere adviezen dan bij angst of verlegenheid. Bovendien kan een HSP ook heel sociaal en extravert zijn.

Eigenschappen van Hoog Sensitieve Personen

'Ik voel me een thermometer tijdens de vergaderingen. Ieders belang en gevoel pik ik op en uiteindelijk draag ik oplossingen aan die ik dan zelf mag regelen.'

'Klagende collega's kan ik niet corrigeren, ook al word ik zeer moe van hun stress.'

'Ik ben zo overstuur, maar dat voelt niet als belangrijk genoeg om rekening mee te houden.'

'Ik moet mee met ieder afdelingsuitje, ook al is het niet mijn ding.' Beschermen tegen overprikkeling, uitdagen van de interne kritiek

Bescherming tegen overprikkeling is heel eenvoudig voor iemand met een positief zelfbeeld. Mogen luisteren naar je lichaam en geest; begrenzen; je mening uitspreken; balans vinden tussen inspanning en ontspanning; kiezen voor flow; mogen genieten. Het is te leren.

Voor iemand met een negatief zelfbeeld is dit juist een worsteling. Je niet laten overprikkelen betekent dan uit je comfortzone gaan. Het gaat in tegen je aangeleerde voorwaardelijke zelfbeeld. Voor je gevoel ben je niet 'goed genoeg'. Dit maakt het dubbel moeilijk. Én je interne criticus omvormen tot je interne coach én meer rekening houden met je gevoeligheid. Een ware krachtmeting. Een paar adviezen:

-Dagelijks kijken naar wat er goed gaat, wat jij goed doet en waar je dankbaar voor kunt zijn.
-Dagelijks lezen en beluisteren van affirmaties die ingaan tegen de negatieve redenaties van je interne criticus, zie www.sterk-swaen.nl .
-Zorg voor een eigen plek in huis waar je dagelijks tot rust kunt komen
-Creëer een ochtend- avondritueel (op- en afschakelen).
-Balans zoeken tussen inspanning en ontspanning; een balans die rekening houdt met de overprikkeling (voorkomen).
-Werk procesgericht (d..w.z. in tijdsblokken) aan je taken (i.p.v. resultaatgericht).
-Dagelijks opschrijven van argumenten die ingaan tegen je negatieve redenaties.
-Zeg 'nee' tegen teveel taken of taken die niet bij je passen, ook al voel je je schuldig.
-Maak dagelijks contact met jezelf, verwerk je emoties: via de natuur, via een vertrouweling, via schrijven of meditatie.

Vaak speelt perfectionisme een rol. Een voorwaardelijke kernopvatting die heeft geholpen te voldoen aan de te strenge eisen. Het is een manier van

126

controle zoeken in een prikkelvolle- overstuurmakende wereld.

Via procesgericht -in plaats van resultaatgericht- werken kun je uit je comfortzone komen. Zeker niet gemakkelijk. Een worsteling zelfs. Maar wel een worsteling die leidt tot innerlijke rust en meer geluk.

Als overprikkeling je comfortzone is geworden is *zelfbescherming* heel positief en noodzakelijk.

69 Automatisch reageren

Als mensen hebben we gelukkig een breed scala aan reactiemogelijkheden. Vreemd genoeg maken we daar nauwelijks gebruik van. Meestal benutten we maar een klein deel van onze mogelijkheden, vaak ook nog een standaard deel. Zonder erbij na te denken reageren we op gebeurtenissen met voorgeprogrammeerde, automatische reacties.

Helder, kalm en duidelijk op problemen reageren kan uitsluitend als je eerst wat afstand tussen jezelf en de probleemsituatie probeert te maken. Een korte pauze helpt te voorkomen dat je automatisch volgens een vast patroon reageert. Je hoeft geen slachtoffer te worden, je kunt ook eerst zorgvuldig nagaan wat een goede aanpak zou kunnen zijn.

Met aandacht kijken naar wat er vanbinnen gebeurt, helpt om je automatische reactiepatroon te doorbreken. Losbreken van standaardreacties of gewoontegedrag is al een eerste belonende stap op weg naar meer keuzevrijheid, bewust-zijn, inzicht en wijzere beslissingen. Door geleidelijk te experimenteren met nieuwe manieren van reageren zullen je stabiliteit en stuurkracht groeien.

Eigenlijk is het leven heel simpel; je mag steeds iets doen om verder te komen. Dat is heel geruststellend. Bij teleurstellingen of geluk blijft het recept het zelfde: telkens iets doen om verder te komen. Hanteerbaar en altijd haalbaar!

Vanuit stress zijn we geneigd onszelf overal de schuld van te geven. Alsof wij alles kunnen regelen en sturen. Dat is net zo'n absurde veronderstelling als zeggen dat we verantwoordelijk zijn voor het weer. Negatief denken kun je ook zien als een teken van teveel stress. Negentig procent van je negatieve gedachten blijken vaak, als je er nog eens rustig naar kijkt, niet waar te zijn.

Vaak zijn er betere, redelijke gedachten te vinden dan de overhaaste negatieve gedachten die als eerste in je opkomen. *Neem nooit zomaar aan wat je jezelf probeert wijs te maken.* Kijk nog eens naar een probleemsituatie als je wat rustiger bent. Overtuigende redelijke gedachten beschermen je het beste tegen voorgeprogrammeerde automatische negatieve reacties. *Schrijf je redelijke gedachten op en blijf ze herhalen.*

70 Optimisme en emoties

Ik hou niet van onechte positiviteit; gemaakte vrolijkheid. Dat is het overschreeuwen of negeren van moeilijke, negatieve gevoelens. Daartegenover hou ik er ook niet van om alle gebeurtenissen in een cynisch/pessimistisch licht te plaatsen. Beiden uitersten zijn slecht voor je gezondheid en je flow.

Eigenaar zijn van je emoties, juist ook de negatieve, leert je de emoties te hanteren en je kompas te verhelderen. De ander verantwoordelijk maken voor je emoties maakt je afhankelijk en stuurloos.

Haar werk verhuisde van de begane grond naar een topetage in een nieuw kantorencomplex. Haar liftfobie speelde op en triggerde veel pessimistische gedachten. Angst en boosheid was het gevolg.

'Ik begrijp niet dat er architecten zijn die het in hun hoofd halen zo'n hoog gebouw neer te zetten.' Was haar opvatting.

Het leek haar onmogelijk de angst te verminderen, dus kon ze enkel nog energie stoppen in het cynisch verwijten van de ontwerpers.

'Wat als er wel de mogelijkheid is je angst te beïnvloeden; stel je voor dat je wel in staat bent die lift te nemen, hoe zou dat voelen?'

Natuurlijk zou ze zich dan opgelucht voelen, en sterker en optimistischer. Pessimisme is het ongeloof dat de pijn getransformeerd kan worden.

Als je bevriest van de angst, verdwijnt het vertrouwen in een goede afloop. Dan wordt de grootste nachtmerrie waar. Dat weet ik , ik ken het zelfs. Ik heb zo geworsteld met angst, met mezelf en met anderen. En steeds weer, als het risico genomen wordt, als de angst er mag zijn, besproken en uitgedaagd mag worden, verdwijnt het pessimisme en verschijnt optimisme: vertrouwen op jezelf en je toekomst.

Het leven kan aan diepte en betekenis winnen als alle emoties er mogen zijn. Niet alleen in je gedachten, maar juist ook in je relaties. Het delen van emoties versterkt de intimiteit, vermindert de druk en vergroot het relativeringsvermogen.

Natuurlijk is het vaak moeilijk je emoties te delen. We weren de verantwoordelijkheid voor negatieve emoties af door kritisch te zijn. De hete aardappel wordt via kritiek doorgegeven. 'Nee, ik ben niet het probleem, jij…..'

Door de ruis heenkijken naar het specifieke kritiekpunt en de achterliggende vraag. Echt en oprecht luisteren. Erkennen waarmee je het eens kunt zijn. Je begrip tonen. De oude pijn (valkuilemoties) troosten. Elkaar vergeven en complimenteren voor de inspanning. Dat is liefde. En dat maakt optimistisch.

71 Slaap-meditatie

Maak van je bed weer een plek waar je niet piekert maar waar je ontspant, uitrust en slaapt. Zoals sommige plekken of de natuur spiritualiteit kunnen bevorderen, zo kun je ook je slaapkamer tot een ruimte maken waar je volledig tot rust mag komen. Een meditatieruimte nodigt bijvoorbeeld uit om aan niet dagelijkse dingen te denken, maar juist tot rust of bezinning te komen.

Sommige mensen vertellen trots hoeveel tijd ze dagelijks aan een meditatie besteden. Hoe langer ze mediteren hoe trotser ze zijn en hoe dieper ze kracht uit zichzelf lijken te halen. Als je moeite hebt met inslapen of doorslapen en je wilt toch je tijd zo waardevol mogelijk benutten, kun ook liggend in de meest ontspannen positie met je ogen dicht mediteren.

Mediteren betekent met je ogen dicht, rustig ademhalen en steeds weer een paar woorden in gedachten herhalen. Je mag de woorden uitkiezen die je het meest aanspreken. Het kunnen neutrale woorden of klanken zijn zonder enige betekenis maar het mogen ook woorden of korte zinnen zijn die je mooi, troostend of hoopgevend vindt. Bijvoorbeeld (lees van boven naar beneden):

rust
ruimte
vrede
vrijheid

geloof
hoop
liefde
kracht

geloof
hoop
liefde
rust

liefde
compassie (vergeving)
kracht
geluk

acceptatie
vertrouwen
liefde
kracht

Kies vier woorden die voor jou een bijzondere betekenis hebben en blijf ze tijdens een meditatieoefening telkens in hetzelfde patroon herhalen.

Ook al zul je in het begin wellicht nog doorpiekeren, al je piekergedachten komen uiteindelijk uit bij de vier prettige meditatie woorden. Terwijl de tijd langzaam verstrijkt zul je merken dat de woorden je geest kalmeren en je steeds rustiger maken.

Niet iedereen kan 's nachts direct in slaap vallen maar deze eenvoudige meditatieoefening kan iedereen uitproberen. Zowel bij het inslapen of -later in de nacht- bij het doorslapen. Als je tussendoor even op de klok kijkt kun je op zijn hoogst constateren hoelang je bezig bent met deze waardevolle, gezonde meditatie.

Het maakt dan niet meer uit hoe lang je 'wakker' ligt. En als je als bijkomend voordeel alsnog in slaap valt dan is dat natuurlijk alleen maar meegenomen. Probeer het eens uit. Je zult zien dat je er steeds een beetje beter in wordt. Een echt 'meditatie expert'.

72 Je veilig voelen

Wanneer en waardoor voel je je veilig, volwaardig, veerkrachtig, positief en verbonden? Het zou mooi zijn als je deze gevoelens vaker zou ervaren, ze bieden je het vertrouwen en de flexibiliteit die nodig zijn om wat er dagelijks op je af komt aan te kunnen.

Wat stimuleert een beter gevoel? Onderzoek eerst hoe je gedachten en gedrag je in een stemming vasthouden. Gedachten en gedrag kun je makkelijker beïnvloeden dan je gevoel.

Bedenk wel dat gevoelens waardevrij zijn, benoem ze niet als goed of slecht.

Jezelf verbieden iets te voelen of te denken werkt contraproductief. Wat wel kan helpen is om je, ondanks een onprettig gevoel, toch te richten op bemoedigende informatie.

Als je helemaal vrij bent, even zonder verplichtingen, kijk je meestal met een frisse blik naar gebeurtenissen. Alsof dingen je minder snel kunnen raken. Vanuit deze ontspannen houding kom je sneller tot verrassende oplossingen voor bepaalde problemen, waar je vastzittend in spanning nooit op gekomen zou zijn.

Een kalm bewustzijn is als een heldere blauwe lucht, terwijl angstige gedachten je gevangen houden in een van de vele voorbijgaande (donkere) wolken.

Om niet het slachtoffer te worden van je eigen negatieve gedachten of van allerlei onverwachte gebeurtenissen is het van groot belang dat je leert jezelf bij te sturen in de richting van een veilige, kalmere levenshouding.

Er is een grote troost; je kracht zit altijd vanbinnen. Ook al kun je soms nog zo schrikken van wat er aan de buitenkant gebeurt, de binnenkant is veilig en goed. Als je het even niet meer weet, sluit dan je ogen en probeer bij te komen. Vanuit deze rustpositie kan alles weer helder worden. Je hebt er niemand anders bij nodig en zult er weer, als in een prettige oase, ruim voldoende nieuwe, aangename gevoelens vinden.

73 Overal muziek

In mijn studententijd las ik een roman van Maarten 't Hart waarin hij lovend over klassieke muziek schreef. Het wekte mijn nieuwsgierigheid. Klassieke muziek was voor mij in die tijd uitsluitend iets voor zware, sombere gelegenheden. Ik had er niets mee. Als experiment zette ik af en toe de radio op een klassieke zender en kocht ik een verzamelplaat. Geleidelijk aan begon het te wennen.

Steeds vaker koos ik als achtergrondmuziek een (licht) klassieke radiozender. Het maakte me rustig en tegelijkertijd stimuleerde het mijn brein op een prettige manier. Studeren ging makkelijker. Ik begon deze muziek te waarderen en soms zelfs mooi te vinden. Kalm en inspirerend. Als bijkomend voordeel hoefde ik niet naar treurigmakende songteksten te luisteren over alles wat er mis kan gaan in de liefde of naar allerlei pessimistische nieuwsberichten.

Achteraf gezien ben ik Maarten 't Hart dankbaar dat hij me via zijn boeken op dit muzikale spoor heeft gezet. Een verrassende ontdekkingsreis die me veel goeds heeft gebracht. Zonder er bewust mee bezig te zijn heb ik naar klassiek muziek leren luisteren.

Muziek blijft bijzonder. Als je goed luistert hoor je het overal, ook in de natuur. Vogels, het weer, pratende mensen, spelende kinderen, en op de achtergrond het verkeer. Je kunt je er aan storen of het gebruiken als meditatie-oefening in het bewust opmerken van de stroom geluiden om je heen.

Ons gehoorvermogen is een grote rijkdom. Wat er aan innerlijke- of omgevingsgeluiden op je afkomt kun je als instrumenten meenemen in je persoonlijke symfonie. Melodieën roepen allerlei emoties op, laat ze langskomen zonder je erdoor van de wijs te laten brengen.

Net zoals de lage, hoge, prachtige en storende tonen horen verdriet en geluk bij elkaar. Het contrast tussen verschillende emoties helpt je begrip, bewondering en medeleven te ontwikkelen voor de speelfilm van ons leven.

Alles heeft een eigen ritme en dynamiek, ons persoonlijke tempo mogen we - grotendeels- zelf bepalen. Ook wat we willen bijdragen aan onze omgeving hebben we zelf in de hand. Zoals een schrijver, in een paar zinnen, het leven van anderen blijvend kan beïnvloeden, zo kan iedereen de wereld net iets mooier maken met zijn/haar eigen composities.

74 Nieuwshonger

Bewust leven met compassie, vriendelijkheid en ruimte voor jezelf heeft een positief effect op je omgeving. Als je zelf rustig en tevreden bent profiteert je omgeving daar ook van. In evenwicht blijven is belangrijk; let daarom op waar je jezelf aan blootstelt.

Veel mensen zijn verslaafd aan slecht nieuws en zo houden ze zichzelf angstig en boos. Negatief nieuws is misleidend om dat het niet geïnteresseerd is in nuances en het complete verhaal, maar je alleen gericht houdt op schokeffecten en gevaren.

De media maken handig gebruik van onze honger naar nieuwtjes. We denken bij te blijven door alle berichten te volgen, maar ondertussen worden we gehersenspoeld met een vloedgolf aan afstompende onzin berichten. Omdat je aandacht steeds wordt afgeleid door nieuwe prikkelende koppen lukt het je niet je kennis te verdiepen. Slecht voor je emotionele welzijn en nog slechter voor je denkvermogen. Als je bij wilt blijven op de je eigen voorkeursgebieden, dan loont het meer de moeite daar heel gericht naar te zoeken op internet of bij andere kennisbronnen.

Weiger je angsten tekst te geven door eindeloos mee te gaan in allerlei zelfverzonnen of verdraaide sensatieverhalen. De stress die nieuws oproept is ongezond en slecht voor je weerstand. Vooroordelen worden bevestigd en meestal worden uitsluitend feiten gepresenteerd die de brengers van het slechte nieuws in het gelijk stellen.

Je zult verbaasd staan over de positieve effecten op je stemming als je jezelf heel bewust op een nieuws dieet zet. Naast het nieuws bevat het internet een schat aan goede, gezonde informatie op het gebied van persoonlijke ontwikkeling. Door zoveel mogelijk links op te sparen van helpende optimistische sites, kun je de hele dag door mentale vitamines ophalen.

Negatieve mediaberichten werken verlammend omdat je je machteloos voelt tegen zo'n grote stroom onrecht. Je krijgt het gevoel dat jouw bijdrage of hulp toch geen zin meer heeft. Maar laat je niet misleiden, *ieder individu heeft en houdt de mogelijkheid om - met zijn/haar unieke bijdrage- de wereld iets beter en mooier te maken.* Blijf, zonder naïef te worden, altijd onbevangen, optimistisch, creatief en open staan voor nieuwe mogelijkheden en gezonde oplossingen.

75 Contact maken

Het is verbazingwekkend om te zien hoe hard sommige mensen met elkaar omgaan. Elkaar naar beneden halen, vreemde verwijten maken, voor schut zetten et cetera. Het lijkt wel of we in een cultuur leven waarin het heel normaal is geworden om de ander af te kraken. Alsof al ons eigen innerlijke ongenoegen afgereageerd moet worden op een toevallige voorbijganger.

Anderen naar beneden halen zegt alles over de gemoedstoestand van de 'dader'. Mensen die zich vanbinnen leeg en ongelukkig voelen hebben extra de neiging zich op anderen af te reageren.

Vriendelijkheid komt meestal voort uit een meer evenwichtige stemming. Als je vanbinnen voldoende ruimte en rust hebt, zul je sneller geneigd zijn om ook aan anderen te denken.

Leer een onderscheid te maken tussen emoties en verwijten. De verleiding is groot om negatieve emoties direct - in de vorm van verwijten - af te reageren. Maar er is een betere tussenweg, benoem hoe je je voelt en laat het daarbij. Dus ik voel moeheid, irritatie, angst of somberheid. Niemand kan je gevoel betwisten en het voorkomt dat je verder met je woorden schade aanricht. Neem even afstand en gun de emotie de tijd om uit te razen. *Pure emoties hebben niet veel tijd nodig, ze komen in golven voorbij.*

Contact maak je vanuit een groter en breder menselijk perspectief. Als je vriendelijker, bewuster en begripvoller naar anderen kijkt zul je zien dat we allemaal dezelfde behoefte aan erkenning hebben. Veel mensen voelen zich alleen en afgesloten, maar dat gevoel komt bijna altijd van binnenuit, het wordt veroorzaakt door allerlei negatieve, angstigmakende opvattingen over zichzelf, anderen en de wereld.

Niet het aantal mensen om je heen bepaalt of je je alleen voelt of niet. Het gaat vooral om de diepte van het contact met anderen. Als je voldoende met iemand kunt delen zul je ook meer tevreden zijn over de relatie met hem/haar. Je niet begrepen voelen voedt het misverstand dat je alleen, afgezonderd en geïsoleerd bent.

Gelukkig is dat slechts een tijdelijke illusie *omdat mensen via ontelbare zichtbare en onzichtbare lijnen met elkaar verbonden blijven.*

76 Liefde

Onuitwisbaar en helder voor ogen, geprint in mijn limbische systeem. De eerste blik, je beweging soepel met grote stappen door de huiskamer. In je rode clarks en strakke jeans. Je mond, aanwezig en vol met duidelijke woorden.

Je haren krullend en rood gekleurd, met de grootste precisie gekamd. Je krachtige persoonlijkheid, aanwezig en helder. Geen mens zet jou opzij. Je lach, zo ontwapenend en zonder gêne. Je intelligentie en humor sprankelen in het zonlicht. Je pijn, voelbaar op de achtergrond en soms ineens volledig zichtbaar in je naakte kwetsbaarheid en stampvoetende woede.

Mijn liefde, eerst in m'n diepste geheime gedachten in bewondering. Daarna toenadering in vriendschap. In het samen stappen en afstemmen van het plezier en het voorzichtig aftasten van het vertrouwen. Stap voor stap naar de onvermijdelijke matching van twee verwante zielen.

De ontdekking ontvlamt volledig, daar op het Neude in 1977, midden in de nacht. De woorden 'Ik hou van jou' staan er gegrift in het zebrapad. Het is een afspraak voor het leven, op basis van gevoelens; gevoelens van vertrouwen, begrijpen in het diepst van mijn wezen.

Vervolgens het onvermijdelijke gevecht met het leven, de pijn en de voortdenderende onwikkeldrang. Intelligentie die gevoed en gestuurd moet worden, ondertussen de pijn uit het verleden zien te troosten en los te laten.

De bedreigingen van de buitenwereld in de vorm van verleidingen -en wantrouwen in het goede- zien te pareren. Grote uitdagingen die ons soms uit elkaar spelen, maar meestal de liefde versterken en verdiepen.

Nu, bijna vier decennia later, kijk ik naar je met dezelfde heldere gevoelens en nu weet ik dat ze kloppen. Je krachtige, heldere ogen en intelligentie. Je eerlijke emoties en naakte kwetsbaarheid. Mijn liefde voor jou is onuitwisbaar.

Bronnen/ aanbevolen boeken

Aguirre, B., Galen, G., & Aarts, F. (2013). *Mindfulness bij borderline: Een praktische gids om met borderlinesymptomen om te gaan*. Hogrefe.

Altucher, J., & Altucher, C. A. (2014). *The power of no: Because one little word can bring health, abundance, and happiness*. Hay House.

Beck, A. T. (1979). *Cognitive therapy of depression*. Guilford Press.

Bennett-Goleman, T. (21013). *Mind whispering: How to break free from self-defeating emotional habits*. Ebury Digital.

Bernhard, T. (2013). *How to wake up: A Buddhist-inspired guide to navigating joy and sorrow*. Wisdom Publications.

Brach, T. (2012). *True refuge: Finding peace and freedom in your own awakened heart*. New York: Bantam Books.

Brantley, J., & Millstine, W. (2011). *True belonging: Mindful practices to help you overcome loneliness, connect with others, and cultivate happiness*. New Harbinger Publications.

Chödrön, P., & Oliver, J. D. (2012). *Living beautifully with uncertainty and change*. Shambhala.

Clark, D. A., & Beck, A. T. (2010). *Cognitive therapy of anxiety disorders: Science and practice*. Guilford Press.

Cullen, M., & Pons, G. B. (2015). *The mindfulness-based emotional balance workbook: An eight-week program for improved emotion regulation and resilience*. New Harbinger Publications.

Delfos, M. (2014). *Developmental perspective on trauma*. Uitgeverij SWP.

Dyer, W. W. (2014). *I can see clearly now*. Hay House.

Ellis, A., & Dryden, W. (1999). *The practice of REBT*. Free Association.

Hạnh, N., & Chödzin, S. (2004). *True love: A practice for awakening the heart*. Shambhala.

Hạnh, N., & Bouman, G. (2010). *Mindfulness: Voor een gelukkig leven*. BBNC Uitgevers.

Hạnh, N., & Bouman, G. (2011). *Hier en nu*. BBNC Uitgevers.

Hạnh, N., & Verheyen, M. (2011). *Antwoorden vanuit het hart*. Inspiread.

Hạnh, N., & Verheyen, M. (2012). *Verzoening*. Inspiread.

Hạnh, N., & Verheyen, M. (2013). *Ruimte maken: Creëer je eigen meditatieplek*. Inspiread.

Hạnh, N., & Bouman, G. (2013). Werk: *Aandacht voor elk moment van de dag*. Inspiread.

Hay, L. L., & Holden, R. (2015). *Life loves you: 7 spiritual practices to heal your life*. Hay House.

Marotta, J. (2013). *50 mindful steps to self-esteem: Everyday practices for cultivating self-acceptance and self-compassion*. New Harbinger Publications.

McGill, B., & Young, J. (2015). *Simple Reminders: Inspiration for Living Your Best Life*. SRN Publishing

McKay, M., Patrick, P., & Lev, A. (2013). *The interpersonal problems workbook: Act to end painful relationship patterns*. New Harbinger Publications.

McKay, M., ÓLaoire, S., & Metzner, R. (2013). *Why?: What your life is telling you about who you are and why you're here*. New Harbinger Publications.

Neff, K. (2011). *Self-compassion: Stop beating yourself up and leave insecurity behind*. New York: William Morrow.

Osteen, J. (2009). *It's your time: Activate your faith, achieve your dreams, and increase in God's favor*. Free Press.

Osteen, J. (2012). *I declare: 31 promises to speak over your life*. FaithWords.

Osteen, J. (2014). *You can, you will: 8 undeniable qualities of a winner*. FaithWords.

Ritskes, R. R. (2014). *Leer voelen wat je wilt voelen: Zenvol omgaan met emotie*. Asoka.

Ritskes, R. R., & Maas, H. (2015). *Leer denken wat je wilt denken*. Asoka.

Sterk, F., & Swaen, S. (2013). *Positieve Mindfulness*. www.sterk-swaen.nl.

Sterk, F., & Swaen, S. (2015). *Denk je sterk: Meer zelfwaardering, meer zelfvertrouwen!, overwin verlegenheid, beter omgaan met anderen.* Kosmos.

Young, J. E., Klosko, J., & Janzen, S. (2005). *Leven in je leven: Leer de valkuilen in je leven herkennen.* Harcourt Book.

Meer informatie

Psychologen Fred Sterk en Sjoerd Swaen zijn, naast hun werk als psychotherapeut, auteurs van een reeks succesvolle zelfhulpboeken. Hun boeken worden op grote schaal gebruikt als 'motivatieboeken' in de hulpverlening, voor studenten en in het bedrijfsleven.

www.sterk-swaen.nl